6 bis 99 Jahre

B. Herrmann & J. Tille-Koch

Mundharmonika spielen lernen

Ein Lern- und Liederbuch

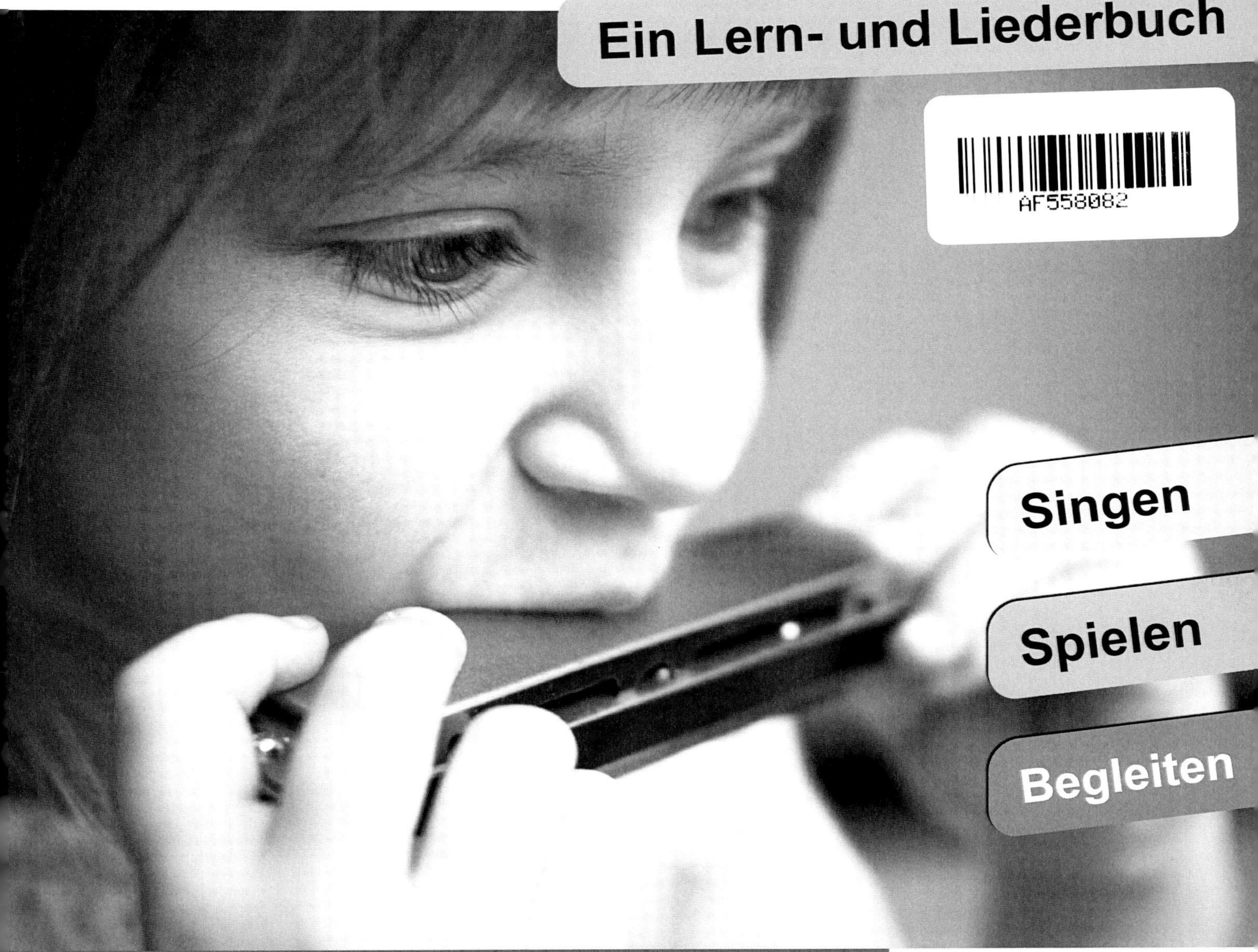

Singen

Spielen

Begleiten

- Einfache Methode ohne Noten
- 40 volkstümliche Lieder zum Singen und Spielen
- Akkorde für Begleitinstrumente

Mundharmonika spielen lernen

Ein Lern- und Liederbuch für Jung & Alt

12. Auflage 2026

Inhalt: Bärbel Herrmann & Jürgen Tille-Koch
Coverbild: © iStock.com
Fotos/Illustrationen: Bärbel Herrmann / clipart.com
Grafik & Satz: Kohl-Verlag
Druck: farbo prepress GmbH, Köln

Bestell-Nr. 11 587

ISBN: 978-3-95686-564-0

Kontakt: Kohl-Verlag, An der Brennerei 37-45, 50170 Kerpen
Tel: +49 2275 331610, Mail: info@kohlverlag.de

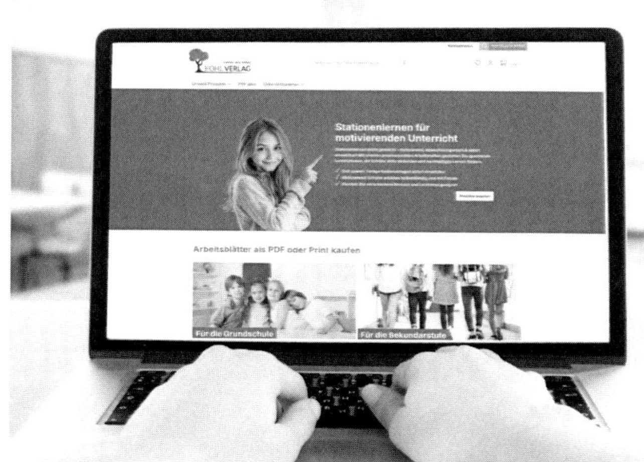

Der vorliegende Band ist eine Print-Einzellizenz

Sie wollen unsere Kopiervorlagen auch digital nutzen? Kein Problem – fast das gesamte KOHL-Sortiment ist auch sofort als PDF-Download erhältlich! Wir haben verschiedene Lizenzmodelle zur Auswahl:

	Print-Version	PDF-Einzellizenz	PDF-Schullizenz	Kombipaket Print & PDF-Einzellizenz	Kombipaket Print & PDF-Schullizenz
Unbefristete Nutzung der Materialien	x	x	x	x	x
Vervielfältigung, Weitergabe und Einsatz der Materialien im eigenen Unterricht	x	x	x	x	x
Nutzung der Materialien durch alle Lehrkräfte des Kollegiums an der lizensierten Schule			x		x
Einstellen des Materials im Intranet oder Schulserver der Institution			x		x

Die erweiterten Lizenzmodelle zu diesem Titel sind jederzeit im Online-Shop unter www.kohlverlag.de erhältlich.

Inhalt

Vorwort

Zu Castingshows hat sicherlich jeder seine eigene Meinung … die 2008 ausgestrahlte Show „Das Supertalent“ jedoch hat eine Geschichte geschrieben, die die Bedeutung der Mundharmonika weit über deutsche Grenzen hinaus bestätigte: Es gewann der Mundharmonikaspieler Michael Hirte, der die Zuhörer mit seinem gefühlvollen Spiel faszinierte. Dieses Instrument gab dem Leben des von einigen Schicksalsschlägen getroffenen ehemaligen Lastwagenfahrers eine unglaubliche Wendung – heute ist der Mann aus einfachen Verhältnissen ein gefeierter und beliebter Musiker.

Vielleicht hält diese Spielanleitung für die Mundharmonika und ihre Umsetzung für die eine und andere Leserin, für den einen und anderen Leser ja auch einige ungeahnte Überraschungen bereit …. Es ist eigentlich ganz einfach!

Diese in Schulen und bei Senioren bewährte Spielanleitung ist für Kinder ab ca. 6 Jahren bis zu Erwachsenen auch über 80 einfach und verständlich konzipiert.

Ziele des Buches sind ...

- das Musizieren auf einem leicht zu erlernenden Instrument allein oder in der Gruppe
- das gemeinsame Musizieren in der Gruppe aller Altersstufen
- die Förderung individueller Fähigkeiten
- die Begleitung kreativer Entwicklungen
- Spielen und Singen bekannter Volkslieder
- die Pflege des volkstümlichen Liedgutes
- Liedbegleitung auf Gitarre, Akkordeon, Klavier etc.

Dieses kleine Instrument bietet ungeahnte Möglichkeiten – nutzen Sie sie!
Viel Spaß und Erfolg beim Selbststudium, im Unterricht und beim gemeinsamen Musizieren wünschen Ihnen das Team des Kohl-Verlags und

Bärbel Herrmann & Jürgen Tille-Koch

Die Mundharmonika

Das Instrument

Die in diesem Band eingesetzte diatonische C-Dur-Mundharmonika, auch Richter-Mundharmonika genannt, berücksichtigt die Töne C, D, E, F, G, A und H.
Anders als bei der chromatischen Mundharmonika sind auf der diatonischen Mundharmonika ausschließlich solche Stimmzungen vorhanden, die leitereigene Töne der Tonart erzeugen, in der die Mundharmonika gestimmt ist.

Chromatische Mundharmonikas ermöglichen über einen eingebauten Schieber das Spielen aller Ganz- und Halbtöne der westlichen Musik.

- **Die Richter-Mundharmonika**

Der im 19. Jahrhundert lebende Volksmusikant Richter setzte bezüglich der Einstimmung und Anordnung von Tönen die diatonisch gestimmte Richterharp durch. Sie hat sich bis heute behauptet.
In der Richterstimmung eignen sich die diatonischen Mundharmonikas auch dazu, einfache Melodien gleichzeitig mit Begleitakkorden zu unterlegen, dafür sind nicht alle chromatischen Töne verfügbar. Diese Spieltechnik für Fortgeschrittene wird in diesem Band und Lernstadium nicht berücksichtigt.

- **Bau des Instrumentes**

Das kleine Instrument ist in C-Dur gestimmt und hat 10 im oberen Deckel nummerierte Tonkammern.

Tonkammer- / Kanalloch-Nummer	1	2	3	4	5	6	7	8	9	10
Blastöne	c	e	g	c	e	g	c	e	g	c
Ziehtöne	d	g	h	d	f	a	h	d	f	a

Die den Kanallöchern zugeordneten Töne erklingen in aufsteigender Höhe.
Die zu erzielenden Halbtonschritt-Töne sind hier zugunsten einer einfachen Übersicht nicht angegeben worden.

Die Grundbestandteile einer Harmonika sind der Kanzellenkörper, die Stimmplatten mit den Stimmzungen sowie die Deckel.
Der Hauptbestandteil des Instruments wird Kanzellenkörper, volkstümlich auch ‚Kamm' genannt. Ursprünglich wurde er in Holz gefertigt, heute besteht er oft aus Kunststoff oder Metall. Der Kanzellenkörper enthält die Luftkammern, welche die Atemluft zu den Stimmzungen kanalisieren.
Die Stimmplatten werden oben und unten auf dem Kanzellenkörper befestigt und durch Deckel aus Blech verkleidet. Die Stimm- oder Tonzungen sind auf die Stimmplatten genietet, sodass sie frei durch die darunter liegenden Ausschnitte in den Stimmplatten – die Tonlöcher – hindurchschwingen können.

- **Pflege**

Ablagerungen und Schmutz an den Tonkanälen werden regelmäßig z.B. mit Wattestäbchen oder Zahnstochern beseitigt. Speichel wird nach dem Üben auf dem Handballen oder am Oberschenkel ausgeklopft. Die Spielfläche wird mit einem Tuch, zuerst feucht und anschließend trocken abgerieben.

MUNDHARMONIKA SPIELEN LERNEN
Ein Lern- und Liederbuch für Jung & Alt – Bestell-Nr. 11 587

B Methodisch-didaktische Überlegungen

- **Singen**

Die meisten Melodien der vorgeschlagenen Lieder sind sicherlich bekannt. Die am Instrument orientierte Tonart C-Dur kann bei der Umsetzung der Gesangsstimme hin und wieder für Tonhöhenprobleme sorgen. Da in der Notation für das Mundharmonikaspiel Anzahl und Tonhöhe, nicht aber die Tondauer zum Ausdruck kommt, sollten die Lieder vor dem Spiel auf jeden Fall gesungen werden. Dadurch werden lange und kurze Töne geübt und für das anschließende Umsetzen auf dem Instrument vorbereitet. Die Gesangsstimmen sind im Anhang ab S. 64 angefügt. Auf „You Tube“ sind Hörbeispiele zu vielen Liedern zu finden. Duch die verschieden überlieferten Varianten des Liedgutes finden sich ab und an Abweichungen zwischen Gesangs- und Mundharmonikanotation.

- **Spieltechnik**

In jeder Tonkammer befinden sich zwei Metallzungen. Die eine erzeugt einen Ton beim Hineinblasen der Luft und die andere beim Hochziehen.
Beim Spielen wird die Mundharmonika zwischen Daumen und Zeigefinger beider Hände gehalten. Erwachsene mit größeren Händen nehmen das Instrument am besten nur in die linke Hand und umschließen es mit der rechten Hand.
Die Lippen werden leicht auf die Kante des oberen und des unteren Deckels gelegt, ohne dass die Zähne das Instrument berühren. Beim ersten Üben wird das Blasen und Ziehen auf der ganzen Breite der Spielfläche durch abwechselndes Rutschen und Ziehen von links nach rechts ausprobiert. Dabei bleiben die Lippen immer auf dem Instrument.
Auch auf der diatonischen Richterharp mit ihren zehn Tonkanälen kann vollchromatisch gespielt werden. Diese Spieltechnik für Fortgeschrittene wird in diesem Band und Lernstadium nicht berücksichtigt.

- **Spielanleitung** (Hinweise zur Notation)

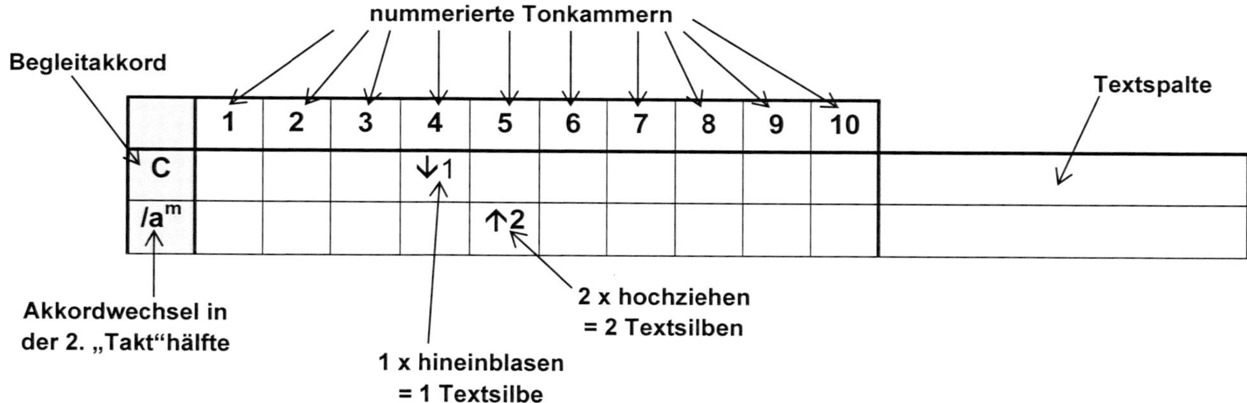

Die folgenden Erklärungen beziehen sich auf den Anfang des Liedes „Es war eine Mutter, die hatte vier Kinder“ und dienen gleichzeitig als Spielanleitung für alle anderen Lieder in diesem Band.

So stellt sich der Liedanfang dar:

	1	2	3	4	5	6	7	8	9	10	
C			↓1								Es
				↓2							war ei-
					↓1						ne
G				↑2							Mut - ter

- **Spiel:**

Nach dem einmaligen Blasen der Tonkammer 3 wird Kammer 4 zweimal gespielt, dann die Tonkammer 5 einmal. Anschließend geht es zurück zu Tonkammer 4, sie wird zweimal leicht hochgezogen bei leichtem Einatmen durch die Nase. Zu jeder Wortsilbe gehört ein Ton. Bei manchen Liedern der folgenden Sammlung steht das Wort „Wiederholung“: Der Teil wird dann entsprechend wiederholt.

Weitere Hinweise:

- Die Pfeile geben die Töne an, sie sagen aber nichts über ihre Länge oder den Rhythmus des Liedes. Tondauer und Pausen werden durch das Singen vor dem Instrumentalspiel verdeutlicht und eingeübt.
- Die durch an den Pfeilen angegebene Anzahl der Tonwiederholungen orientiert sich an den Textsilben der rechten Spalte. Doppelte Silben ergeben sich durch Anpassung an den Melodieverlauf.
- Durch die durchgehend auf das Instrument bezogene Tonart C-Dur kann es beim Singen zu Problemen in der Umsetzung der Tonhöhe kommen, ermöglicht aber ein paralleles Singen und Spielen der Lieder.
- Für die Mundharmonika ist zur Orientierung jeweils nur die erste Strophe der Spielanleitung angefügt. Die vollständigen Texte einschließlich traditioneller Notation der Lieder sind im Anhang zu finden

KOHL VERLAG MUNDHARMONIKA SPIELEN LERNEN Ein Lern- und Liederbuch für Jung & Alt – Bestell-Nr. 11 587

C Die Lieder

1 Ade zur guten Nacht

Strophe 1

	1	2	3	4	5	6	7	8	9	10	
			↓1								A -
C				↓1							de
G				↑1							zu -
					↑1						ur
C					↓2						gu - te -
				↑1							en
				↓1							Nacht.
G				↑1							Jetzt
C					↓1						wird
F					↑1						de -
						↑1					er
C						↓2					Schluss ge -
					↑1						e -
a^{m}					↓1						macht,
/F						↓2					dass ich
					↑1						mu -
					↓1						uss
G^{7}					↑1						schei -
						↓1					ei -
C					↓1						den.

C Die Lieder

1 Ade zur guten Nacht

Strophe 2

	1	2	3	4	5	6	7	8	9	10	
						↓1					Im
C					↓1						Som -
						↓1					mer,
							↓1				da
F						↑2					wächst de -
						↓1					er
d^m					↑1						Klee,
					↓1						im
G^7				↑1							Win -
					↑1						ter,
						↑1					da
C						↓1					schneit´s
						↓1					de -
					↑1						en
a^m					↓1						Schnee,
/F						↓2					da komm
					↑1						i-
					↓1						ich
G^7					↑1						wie -
						↓1					i -
C					↓1						der.

KOHL VERLAG
MUNDHARMONIKA SPIELEN LERNEN
Ein Lern- und Liederbuch für Jung & Alt – Bestell-Nr. 11 587

2 Alle Vögel sind schon da

	1	2	3	4	5	6	7	8	9	10	
C				↓1							Al -
					↓1						le
						↓1					Vö -
							↓1				gel
F						↑1					sind
							↓1				scho -
						↑1					on
C					↓1						da,
G^7				↑1							al -
					↓1						le
C					↓1						Vö -
				↓1							gel
G^7				↑1							al -
C				↓1							le.
C					↓2						Welch ein
G^7				↑2							Sin - gen,
C					↓1						Mu -
						↓1					si -
					↓1						i -
G^7					↑1						ziern,
C					↓2						Pfei - fen,
G^7				↑2							Zwit - schern,
C					↓1						Ti -
						↓1					ri -
					↓1						i -
G^7					↑1						liern!

KOHL VERLAG
MUNDHARMONIKA SPIELEN LERNEN
Ein Lern- und Liederbuch für Jung & Alt – Bestell-Nr. 11 587

2 Alle Vögel sind schon da – Teil 2

	1	2	3	4	5	6	7	8	9	10	
C				↓1							Früh -
					↓1						ling
						↓1					will
							↓1				nun
F						↑1					ein -
							↓1				ma -
						↑1					ar -
C						↓1					schiern,
G^7					↑1						kommt
						↓1					mit
C					↓1						Sang
				↓1							und
G^7				↑1							Schal -
C				↓1							le.

3 Auf der Lüneburger Heide

	1	2	3	4	5	6	7	8	9	10		
			$\downarrow_2$								Auf der	ging ich
C				$\downarrow_1$							Lü -	auf
/F					$\downarrow_2$						ne - bur -	und ging
C						$\downarrow_2$					ger Hei -	ich nie -
					$\downarrow_1$						de,	der,
						$\uparrow_1$					in	al -
/G^7						$\downarrow_2$					dem wun-	ler - lei
					$\uparrow_2$						der- schö	am Weg
						$\downarrow_1$					nen	ich
C					$\downarrow_1$						Land,	fand.
	Wiederholung											

MUNDHARMONIKA SPIELEN LERNEN
Ein Lern- und Liederbuch für Jung & Alt – Bestell-Nr. 11 587
KOHL VERLAG

3 Auf der Lüneburger Heide – Teil 2

	1	2	3	4	5	6	7	8	9	10	
						↓1					Val-
					↓1						le-
G^7				↑1							ri,
						↑1					val-
					↑1						le-
C					↓1						ra,
						↓1					juch-
							↓1				he-
F						↓1					und
							↓1				juch-
						↑1					hei,
						↑2					ras - sa,
C						↑1					und,
							↑1				juch -
						↑1					hei -
						↓2					ras - sa.
G						↑1					Bes-
						↓1					ter
					↑1						Schatz,
C						↓1					bes-
					↑1						ter
					↓1						Schatz,
F					↑1						denn
					↓1						du
G^7				↑1							weißt
					↑1						du
C					↓1						weißt
			↑1								es
				↓1							ja.

MUNDHARMONIKA SPIELEN LERNEN
Ein Lern- und Liederbuch für Jung & Alt – Bestell-Nr. 11 587
KOHL VERLAG

4 Auf, du junger Wandersmann

	1	2	3	4	5	6	7	8	9	10	
C				↓1							Auf
			↓1								du
				↓1							jun -
				↑1							ger
					↓3						Wan - ders - mann,
G				↑1							jetzt
					↓1						so
					↑1						kommt
						↓1					die
					↑1						Zeit
					↓1						her -
				↑2							an, die
C					↓1						Wan -
						↓1					der -
					↓1						zeit
				↓1							die
						↓1					gi -
					↑2						ibt uns
C				↓1							Freud.

MUNDHARMONIKA SPIELEN LERNEN
Ein Lern- und Liederbuch für Jung & Alt – Bestell-Nr. 11 587
KOHL VERLAG

4 Auf, du junger Wandersmann

	1	2	3	4	5	6	7	8	9	10	
C				↓1							Wolln
					↓1						uns
						↓2					auf die
F						↑1					Fahrt
						↓2					be - ge -
				↑1							ben,
C				↑1							das
					↓1						ist
					↑2						un - ser
F						↓1					schöns -
					↑2						tes Le -
					↓1						ben,
C				↓1							gro -
					↓3						ße Was - ser,
G^7				↑1							Berg
					↑1						u -
				↑1							und
C					↓1						Tal,
G^7						↓1					an -
					↑1						zu -
C					↓2						schau - e -
				↓1							en
G^7				↑2							ü - be -
			↑1								er -
C				↓1							all.

MUNDHARMONIKA SPIELEN LERNEN
Ein Lern- und Liederbuch für Jung & Alt – Bestell-Nr. 11 587
KOHL VERLAG

5 Bruder Jakob

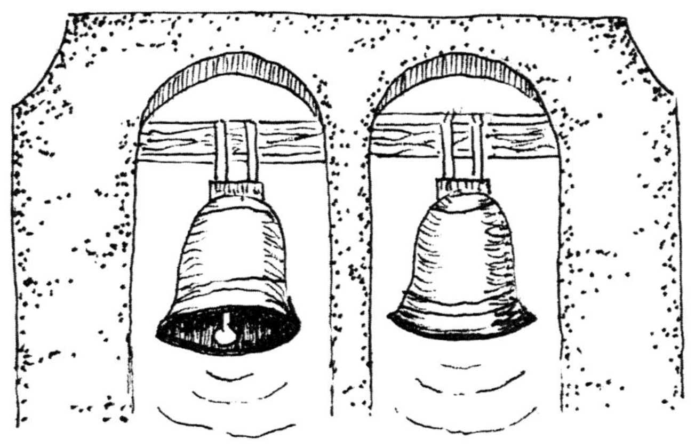

	1	2	3	4	5	6	7	8	9	10	
C				↓1							Bru -
				↑1							der
					↓1						Ja -
				↓1							kob
	Wiederholung										
C					↓1						schläfst
					↑1						du
						↓1					noch?
	Wiederholung										
C						↓1					Hörst
						↑1					du
						↓1					nicht
					↑1						die
					↓1						Glo -
				↓1							cken?
	Wiederholung										
C				↓1							Ding,
			↓1								dang,
				↓1							dong!
	Wiederholung										

6 Der Kuckuck und der Esel

	1	2	3	4	5	6	7	8	9	10	
						↓1					Der
C					↓1						Ku -
						↓1					ckuck
					↓1						und
						↓1					der
G^7					↑3						E - sel, die
				↑1							hat -
					↑1						ten
				↑1							ei -
					↑1						nen
C					↓1						Streit,
						↓1					we -
					↑1						er
					↓4						wohl am bes - ten
G^7					↑2						sän - ge
					↑1						we -
					↓1						er
				↑4							wohl am bes - ten
C					↓2						sän - ge
/a^m				↓2							zur schö -
				↑1							nen
					↓1						Mai -
					↑1						en -
G						↓1					zei -
						↑1					ei -
G^7						↓1					eit,
					↑1						zur
C					↓2						schö - nen
G^7				↑2							Mai - en -
C				↓1							zeit.

7 Der Mond ist aufgegangen

	1	2	3	4	5	6	7	8	9	10	
C				↓1							Der
G				↑1							Mond
C				↓1							ist
F					↑1						auf -
C					↓1						ge -
G^7				↑1							gan -
C				↓1							gen,
					↓3						die gold - nen
F						↑1					Stern -
C						↓1					lein
G^7					↑1						pran -
C					↓1						gen
/a^m					↓3						am Him - mel
F					↑1						hell
					↓1						und
G				↑1							klar.

7 Der Mond ist aufgegangen

	1	2	3	4	5	6	7	8	9	10	
C				↓1							Der
G				↑1							Wald
C				↓1							steht
F					↑1						schwarz
C					↓1						und
G^7				↑1							schwei -
C				↓1							get,
					↓3						und aus den
F						↑1					Wie -
C						↓1					sen
G^7					↑1						stei -
C					↓1						get
/a^m					↓3						der wei - ße
F					↑1						Ne -
					↓1						bel
G^7				↑2							wun - der -
C				↓1							bar.

MUNDHARMONIKA SPIELEN LERNEN
Ein Lern- und Liederbuch für Jung & Alt – Bestell-Nr. 11 587
KOHL VERLAG

8 Ein Männlein steht im Walde

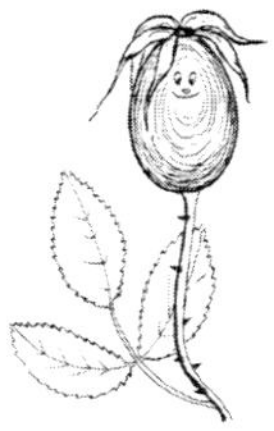

	1	2	3	4	5	6	7	8	9	10		
			↓1								Ein	es
C				↓1							Männ -	hat
				↑1							lein	von
					↓1						steht	lau -
					↑1						im	ter
						↓1					Wal -	Pur -
F						↑1					de	pur
					↑1						ganz	ein
C					↓1						still	Mänt-
G^7				↑1							und	lein
C				↓1							stumm,	um.
	Wiederholung											
C						↓1					Sagt,	das
					↑1						wer	da
					↓1						mag	steht
						↓1					das	im
G^7					↑1						Männ -	Wald
					↓1						lein	al -
				↑1							sein,	lein
	Wiederholung											
C				↓1							mit	
				↑1							dem	
					↓1						pur -	
					↑1						pur -	
						↓1					ro -	
F						↑1					te -	
					↑1						en	
C					↓1						Män -	
G^7				↑1							te -	
				↓1							lein.	

MUNDHARMONIKA SPIELEN LERNEN
Ein Lern- und Liederbuch für Jung & Alt – Bestell-Nr. 11 587
KOHL VERLAG

9 Es klappert die Mühle am rauschenden Bach

	1	2	3	4	5	6	7	8	9	10	
/C			↓2								Es klap -
				↓3							pert die Müh -
				↑1							le
/G^7					↓2						am rau -
				↑1							schen -
				↓1							den
				↑1							Bach,
						↓1					klipp
C					↓1						klapp!
			↓2								Bei Tag
				↓3							und bei Nacht
				↑1							ist
/G^7					↓2						der Mül -
				↑1							ler
				↓1							stets
				↑1							wach,
						↓1					klipp
C					↓1						klapp!

MUNDHARMONIKA SPIELEN LERNEN
Ein Lern- und Liederbuch für Jung & Alt – Bestell-Nr. 11 587
KOHL VERLAG

9 Es klappert die Mühle am rauschenden Bach

	1	2	3	4	5	6	7	8	9	10	
				↓1							E -
					↓1						er
e^m/A^7						↓4					mah - let das Korn
						↑1					zu
$/d^m$						↓2					dem kräf -
$/G^7$					↑4						ti - gen Brot, und
C					↓3						ha - ben wir
						↓1					die -
					↑1						ses,
$/G^7$					↓2						so hat's
				↑1							kei -
				↓1							ne
				↑1							Not,
						↓1					klipp
C					↓2						klapp, klipp
G^7				↑2							klapp, klipp
C				↓1							klapp.

10 Es war eine Mutter, die hatte vier Kinder

	1	2	3	4	5	6	7	8	9	10		
			↓1								Es	den
C				↓2							war ei -	Früh - ling,
					↓1						ne	den
d^m				↑2							Mut - ter,	Som - mer,
					↑1						die	den
G^7			↑2								hat - te	Herbst und
				↑1							vier	den
C				↓2							Kin - der:	Win - ter.
	Wiederholung											
						↓1					Der	
G				↑2							Früh - ling	
						↓1					bringt	
C				↓2							Blu - men,	
						↓1					der	
G^7				↑2							Som - mer	
						↓1					den	
C					↓1						Klee,	
G^7			↓1								der	
C				↓2							Herbst, der	
					↓1						bringt	
d^m				↑2							Trau - ben	
					↑1						der	
G^7			↑2								Win - ter	
				↑1							den	
C				↓1							Schnee.	

MUNDHARMONIKA SPIELEN LERNEN
Ein Lern- und Liederbuch für Jung & Alt – Bestell-Nr. 11 587
KOHL VERLAG

11 Es waren zwei Königskinder

	1	2	3	4	5	6	7	8	9	10	
			↓1								Es
C					↓2						wa - ren
					↓2						zwei Kö -
				↑2							nigs - kin -
				↓1							der,
			↓1								die
G^7					↑2						hat - ten
					↑2						ei - na -
					↓1						an -
C						↓1					der
					↓1						so
G				↑1							lieb.

KOHL VERLAG MUNDHARMONIKA SPIELEN LERNEN Ein Lern- und Liederbuch für Jung & Alt – Bestell-Nr. 11 587

11 Es waren zwei Königskinder – Teil 2

	1	2	3	4	5	6	7	8	9	10	
			↓1								Sie
C						↓2					konn - ten
						↑1					zu -
						↓1					sam -
G^7					↑2						men nicht
C					↓1						ko -
F						↓1					o -
					↑1						men,
G^7					↓1						da -
				↑1							as
C				↓3							Was - ser war
G^7					↓1						vi -
				↑1							iel
E^7				↓1							zu -
				↑1							u
a^m					↓1						tief,
G				↑1							das
C					↓3						Was - ser war
F						↓1					vi -
					↑1						iel
G^7					↓1						zu -
				↑1							u
C				↓1							tief.

12 Grün, grün, grün sind alle meine Kleider

	1	2	3	4	5	6	7	8	9	10	
C				↓2							Grün, ja,
F^6					↓2						grün sind
G				↑1							al -
				↓1							le
				↑1							mei -
					↓1						ne
C				↓1							Klei -
			↓1								der,
C					↓2						grün, ja,
F^6						↓2					grün ist
G^7					↑1						al -
					↓1						les
					↑1						was
						↓1					ich
C					↓1						hab.
C						↓2					Da - rum
F						↑2					lieb ich
G^7					↑3						al - les, was
						↑1					so
C						↓2					grün ist,
a^m					↓2						weil mein
F^6					↑2						Schatz ein
G^7				↑2							Jä - ger
C				↓1							ist.

13 Hab mein Wage vollgelade

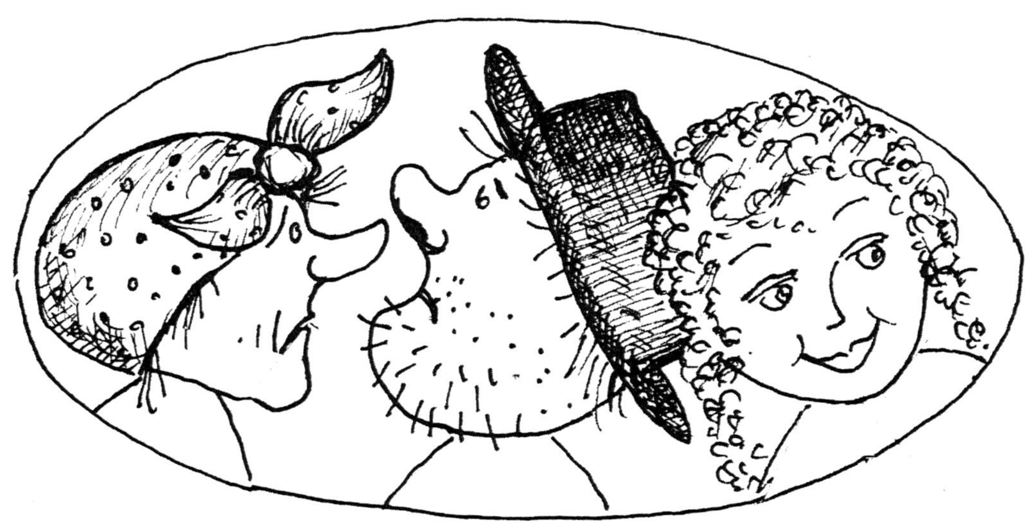

	1	2	3	4	5	6	7	8	9	10		
C			↓2								Hab mein	Als wir
				↓1							Wa -	in
					↓1						ge	die
F				↓2							voll - ge -	Stadt 'nein
d^m				↑1							la -	ka -
					↑1						de,	men,
G^7			↓1								voll	fing´n
			↑1								mit	sie
				↑1							al -	an
					↓1						ten	zu
				↑1							Weib -	kei -
C				↓1							sen.	fen.
	Wiederholung											

MUNDHARMONIKA SPIELEN LERNEN
Ein Lern- und Liederbuch für Jung & Alt – Bestell-Nr. 11 587
KOHL VERLAG

13 Hab mein Wage vollgelade

	1	2	3	4	5	6	7	8	9	10	
/C						↓3					Drum lad ich
F						↑1					all
						↓1					mein
					↑1						Le -
					↓1						be -
G^7					↑1						ta -
				↑1							ge
					↑2						nie al -
				↑1							te
					↓1						Weib -
					↑1						sen
					↓1						auf
				↑1							mein
C					↓1						Wa -
				↓1							ge.
				↓1							Hü,
			↓2								Schim - mel
C				↓1							hü
					↓1						ja
						↓1					hü
G					↑1						hü,
G^7				↑2							Schim - mel
C				↓1							hü.

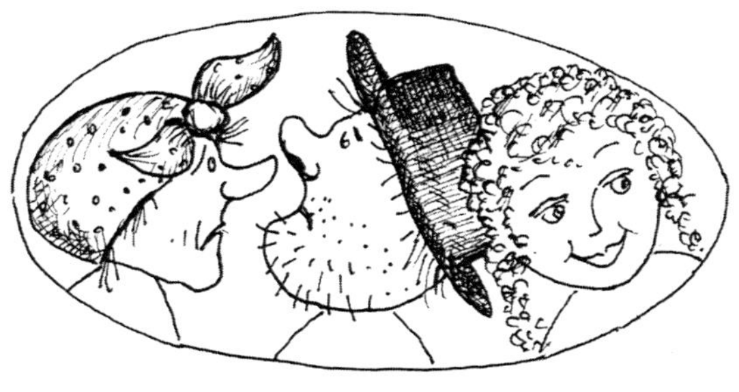

KOHL VERLAG
MUNDHARMONIKA SPIELEN LERNEN
Ein Lern- und Liederbuch für Jung & Alt – Bestell-Nr. 11 587

14 Hänsel und Gretel

	1	2	3	4	5	6	7	8	9	10		
C						↓1					Hän -	Es
					↓1						sel	war
					↑1						und	so
						↓1					Gre -	fins -
					↓1						tel	ter
				↓1							ver -	und
G				↑1							lie-	auch -
				↓1							fen	so
				↑1							sich	bit -
					↓1						im	ter -
C				↓1							Wald.	kalt.
	Wiederholung											
				↓1							Sie	
G^7				↑3							ka - men an	
					↓1						ein	
					↑1						Häus -	
				↑2							chen von	
C					↓3						Pfef - fer - ku -	
					↑1						chen	
						↓1					fein.	
C						↓1					Wer	
					↓1						mag	
					↑1						der	
						↓1					Herr	
					↓1						wohl	
				↓1							von	
G^7				↑1							die -	
				↓1							sem	
				↑1							Häus -	
					↓1						chen	
C				↓1							sein?	

15 Ich bin ein Musikante

	1	2	3	4	5	6	7	8	9	10		
			↓1								Ich	Wir
C				↓2							bin ein	sind die
				↓1							Mu -	Mu -
				↑1							si -	si -
					↓2						kan - te	kan - ten
					↓1						und	und
G^7				↑1							komm	komm
				↓1							aus	aus
					↑1						Schwa -	Schwa -
					↓1						ben -	ben -
C				↓1							land.	land.
	Wiederholung											
C						↓1					Ich	
				↑1							kann	
G					↓1						spiel -	
			↓1								len,	
C						↓1					wir	
				↑2							kön - nen	
G					↓1						spie -	
			↓1								len	
C						↓1					auf	
				↑1							der	
G					↓1						Gei -	
			↓1								ge,	
C						↓1					auf	
				↑1							der	
G					↓1						Gei -	
			↓1								ge:	

15 Ich bin ein Musikante

	1	2	3	4	5	6	7	8	9	10	
C			↓2								fi - del
				↓3							dei - dei - dei
				↑2							fi - del
					↓3						dei - dei - dei
					↓2						fi - del
				↑3							dei - dei - dei
G					↓1						fi -
				↑1							del -
			↓1								dei.

MUNDHARMONIKA SPIELEN LERNEN
Ein Lern- und Liederbuch für Jung & Alt – Bestell-Nr. 11 587
KOHL VERLAG

16 Ich geh' mit meiner Laterne

	1	2	3	4	5	6	7	8	9	10		
			↓1								Ich	Da
C				↓2							geh mit	o - ben
a^m					↓1						mei -	leuch -
				↓1							ner	ten
					↓1						La -	die
C						↓1					ter -	Ster -
a^m					↓1						ne	ne,
				↓1							und	und
d^m				↑2							mei - ne	un - ten,
$/G^7$				↑2							La - ter -	da leuch-
					↓1						ne	te -
				↑1							mit	en
C				↓1							mir.	wir.
	Wiederholung											
					↓1						Mein	
C						↓1					Licht	
					↓1						ist	
a^m				↓1							aus,	
					↓1						ich	
C						↓1					geh	
					↓1						nach	
a^m				↓2							Haus, ra -	
d^m				↑2							bim - mel,	
$/G^7$				↑2							ra - bam -	
					↓1						mel,	
				↑1							ra	
C				↓1							bum.	
	Wiederholung											

17 Ihr Blätter, wollt ihr tanzen

	1	2	3	4	5	6	7	8	9	10	
					↓1						Ihr
C						↓1					Blät -
					↓1						ter
G^7					↑1						wollt
				↑1							ihr
C				↓2							tan - zen?
				↓1							So
F					↑2						rief im
						↑2					Herbst der
C						↓1					Wind.
					↓1						Ja,
G^7					↑2						ja wir
				↑2							wol - len
C						↓1					tan -
					↓1						zen!
					↓1						Ja,
G^7					↑2						ja wir
				↑2							wol - len
C						↓1					tan -
					↓1						zen!
						↑1					Komm
G^7						↓1					hol
					↑1						uns
					↓1						nur
				↑1							ge -
C				↓1							schwind!

KOHL VERLAG
MUNDHARMONIKA SPIELEN LERNEN
Ein Lern- und Liederbuch für Jung & Alt – Bestell-Nr. 11 587

18 Im Frühtau zu Berge

	1	2	3	4	5	6	7	8	9	10	
			↓1								Im
C				↓1							Früh -
					↓1						tau
			↓1								zu
				↓1							Ber -
					↓1						ge
				↓1							wir
G^7				↑4							ziehn, fal - le - ra,
					↓1						es
					↑3						grü - nen die
						↓1					Wä -
					↑1						äl-
					↓1						der-
				↑1							die
C					↓1						Höhn,
				↓3							fal - le - ra.
				↓1							Wir
F					↑4						wan - dern oh - ne
						↑1					Sor -
					↑1						gen
C					↓2						sin - gend
				↓1							in
					↓1						den
						↓1					Mor -
					↓1						gen

MUNDHARMONIKA SPIELEN LERNEN
Ein Lern- und Liederbuch für Jung & Alt – Bestell-Nr. 11 587
KOHL VERLAG

18 Im Frühtau zu Berge

	1	2	3	4	5	6	7	8	9	10	
				↓1							noch
G7			↓1								e -
			↑1								he
				↑1							im
					↑1						Ta -
				↑1							le
			↑1								die
C				↓3							Häh - ne krähn.
	Wiederholung										

MUNDHARMONIKA SPIELEN LERNEN
Ein Lern- und Liederbuch für Jung & Alt – Bestell-Nr. 11 587
KOHL VERLAG

19 Janek hat einen Garten schön

	1	2	3	4	5	6	7	8	9	10	
C					↓3						Ja - nek hat
						↓1					ei -
					↓2						nen Gar -
				↑1							ten
G^7					↑1						schön,
					↑3						da kann man
						↑1					vie -
					↑2						le Bee -
					↓1						ren
C						↓1					sehn,
					↓3						schwar - ze und
						↓1					ro -
					↓2						te groß
				↑1							und
G^7					↑1						klein
F					↑1						lo -
						↓1					cken
						↑1					im
G						↓1					gold-
				↓1							nen
C					↓1						Son -
G^7				↑1							nen -
C				↓1							schein.

20 Jetzt fahr‘n wir über‘n See

	1	2	3	4	5	6	7	8	9	10	
			↓1								Jetzt
C					↓3						fahr´n wir ü -
					↑1						bern
						↓1					See,
F						↑1					ü -
/C						↓2					bern See,
					↓1						jetzt
G^7					↑2						fahr´n wir
						↓1					ü -
					↑1						bern
()C					↓1						( ) See.
	Wiederholung										

20 Jetzt fahr'n wir über'n See

	1	2	3	4	5	6	7	8	9	10	
						↓1					Mit
C						↑1					ei -
						↓1					ner
					↑1						höl -
					↓1						zern
G^7					↑1						Wur -
				↑1							zel,
					↑1						Wur -
				↑1							zel,
					↑1						Wur -
				↑1							zel,
					↓1						Wu -
						↑1					ur -
						↓1					zel,
						↓1					mit
C						↑1					ei -
						↓1					ner
					↑1						höl -
					↓1						zern
					↑1						Wur -
				↑1							zel,
/G^7					↓5						kein Ru -der war nicht
()C				↓1							( ) dran.
	Wiederholung										

Hinweis: (   ) = kurze Unterbrechung; Ton wird nur bei der Wiederholung gespielt.

21 Jetzt fängt das schöne Frühjahr an

	1	2	3	4	5	6	7	8	9	10	
			↓1								Jetzt
C				↓1							fängt
			↓1								das
				↓1							schö -
					↓1						ne
G				↑2							Früh - jahr
				↓1							an,
			↓1								und
				↓1							al -
			↓1								les
				↓1							fängt
					↓1						zu
G						↓2					blü - hen
C					↓1						an
				↑1							auf
				↓1							grü -
				↑1							ner
a^m					↓1						Ha -
						↓1					ha -
F					↑1						heid
					↓1						und
G^7				↑2							ü - ber -
C				↓1							all.

MUNDHARMONIKA SPIELEN LERNEN
Ein Lern- und Liederbuch für Jung & Alt – Bestell-Nr. 11 587
KOHL VERLAG

22 Jetzt kommen die lustigen Tage

	1	2	3	4	5	6	7	8	9	10	
			↓1								Jetzt
C				↓3							kom - men die
					↓1						lus -
F				↓1							ti -
					↓1						gen
						↑1					Ta -
						↓1					ge
G						↓2					Schät - zel
					↑1						a -
C					↓1						de,
			↓1								und
C				↓3							dass ich es
					↓1						dir
				↓1							auch
					↓1						gleich
F						↑1					sa -
C						↓1					ge,
/G						↓2					es tut
					↑1						mir
G^7					↓1						gar
				↑1							nicht
C				↓1							weh.

MUNDHARMONIKA SPIELEN LERNEN
Ein Lern- und Liederbuch für Jung & Alt – Bestell-Nr. 11 587
KOHL VERLAG

22 Jetzt kommen die lustigen Tage – Teil 2

	1	2	3	4	5	6	7	8	9	10	
				↑1							Und
					↓1						im
G^7					↑1						Som -
				↑3							mer da blüht
				↑2							der ro -
				↓1							te,
te				↑1							ro -
					↓1						te
					↑1						Mohn
					↓1						und
					↑1						ein
C						↓1					lus -
					↓3						ti - ges Blut
					↓2						kommt ü -
					↑1						ber -
					↓1						all
					↑1						da -
						↓1					von.
F							↓1				Schät -
G^7							↑1				zel
						↑1					a -
C						↓1					de,
					↓1						a -
						↓1					de,
F						↑1					Schät -
G^7							↑2				zel a -
C							↓1				de.

MUNDHARMONIKA SPIELEN LERNEN
Ein Lern- und Liederbuch für Jung & Alt – Bestell-Nr. 11 587
KOHL VERLAG

23 Kein schöner Land

	1	2	3	4	5	6	7	8	9	10		
			↓3								Kein schö - ner	
C				↓1							Land	
					↓1						in	
				↑1							die -	
				↓1							ser	
G				↑1							Zeit,	
			↓3								als hier das	
C				↓1							un -	
					↓1						sre	
				↑1							weit	
				↓1							und	
G				↑1							breit,	
					↓1						wo	wo
				↓1							wir	wir
				↑1							uns	uns
C					↓1						fi -	fi -
						↓1					in -	in -
					↑1						den	den
					↓1						wohl	wohl
				↑1							un -	un -
				↓1							ter	ter
G^7				↑1							Li -	Li -
					↑1						in -	in -
					↓1						den	den
					↑1						zur	zur
a^m				↓1							A -	A -
G			2 ↓1	1 ↑1							bend -	bend -
C				2 ↓1	1 ↓1						zeit,	zeit.
	Wiederholung 1 → 2											

MUNDHARMONIKA SPIELEN LERNEN
Ein Lern- und Liederbuch für Jung & Alt – Bestell-Nr. 11 587

KOHL VERLAG

24 Kommt ein Vogel geflogen

	1	2	3	4	5	6	7	8	9	10	
					↓1						Kommt
					↑1						ein
C						↓1					Vo -
					↓1						gel
/G					↓2						ge - flo -
				↑2							gen, setzt
					↓1						sich
G^7					↑1						nie -
				↑2							der auf
						↑1					mein'n
C						↓1					Fuß,
					↓1						hat
					↑1						ein
						↓1					Zet-
/G					↓3						tel im Schna -
					↑2						bel, von
					↓1						der
G^7					↑1						Mut -
				↑3							ter ei - nen
				↓1							Gruß.

MUNDHARMONIKA SPIELEN LERNEN – Bestell-Nr. 11 587
Ein Lern- und Liederbuch für Jung & Alt
KOHL VERLAG

25 Kuckuck, Kuckuck ruft's aus dem Wald

	1	2	3	4	5	6	7	8	9	10	
C						↓1					Ku -
					↓1						ckuck,
						↓1					Ku -
					↓1						ckuck
G^7				↑1							rufts‘
C				↓1							aus
G^7				↑1							dem
C				↓1							Wald.
G				↑2							Las - set
					↓1						uns
G^7					↑1						sin -
				↑1							gen,
C					↓2						tan - zen
					↑1						und
						↓1					sprin -
					↓1						gen!
						↓1					Früh -
					↓1						ling,
						↓1					Früh -
					↓1						ling
G^7					↑1						wird
C					↓1						es
G^7				↑1							nun
C				↓1							bald.

MUNDHARMONIKA SPIELEN LERNEN
Ein Lern- und Liederbuch für Jung & Alt – Bestell-Nr. 11 587
KOHL VERLAG

26 Muss i denn, muss i denn zum Städtele hinaus

	1	2	3	4	5	6	7	8	9	10		
				↓1							Muss	Wenn
				↑1							i	i
C					↓1						denn,	komm,
					↓1						muss	wenn
						↓1					i	i
G^7					↑1						denn	komm,
					↑1						zu -	wenn
						↑1					um	i
C						↓2					Städt - e -	wie - de -
						↓1					le	ru -
					↑1						hi -	um
					↓1						naus,	komm,
						↓2					Städt - e -	wie - de -
						↓1					le	ru -
					↑1						hi -	um
					↓1						naus,	komm,
					↓1						u -	kehr
						↓1					und	i
G^7					↑2						du mein	ein, mein
				↑1							Schatz	Schatz
						↓1					bleibst	bei
C					↓1						hier.	dir.
	Wiederholung											

MUNDHARMONIKA SPIELEN LERNEN
Ein Lern- und Liederbuch für Jung & Alt – Bestell-Nr. 11 587
KOHL VERLAG

26 Muss i denn, muss i denn zum Städtele hinaus – Teil 2

	1	2	3	4	5	6	7	8	9	10	
				↓1							Kann
					↓1						i
G				↑1							glei
					↓1						net
					↑1						all -
				↑1							weil
C					↓1						bei
					↑1						dir
						↓1					sein,
						↓2					han i
F						↑2					doch mein
							↓1				Freud
							↑1				a -
						↑1					an
C						↓1					dir.
				↓1							Wenn
					↓1						i
						↓2					komm, wenn
						↑1					i
						↓2					komm, wenn
							↓1				i
						↓3					wie - de -ru -
					↑1						um
					↓1						komm,
						↓3					wie - de - ru -
					↑1						um
					↓2						komm, kehr
						↓1					i
G^7					↑2						ein mein
				↑1							Schatz
						↓1					bei
C					↓1						dir.

MUNDHARMONIKA SPIELEN LERNEN
Ein Lern- und Liederbuch für Jung & Alt – Bestell-Nr. 11 587
KOHL VERLAG

27 Schneeflöckchen, Weißröckchen

	1	2	3	4	5	6	7	8	9	10	
					↓1						Schnee -
					↑1						e -
C						↓2					flöck - chen
						↑1					Weiß -
d^m				↑2							röck - chen
				↑1							wa -
					↓1						ann
G					↑2						kommst du
						↓1					ge -
C					↓1						schneit.
					↓1						Du -
					↑1						u
						↓2					wohnst in
							↓1				den
F							↑1				Wol -
						↑1					ken,
						↓1					dei -
					↑1						ein
C					↓1						Weg
F					↑1						ist
G^7				↑1							so
C				↓1							weit.

MUNDHARMONIKA SPIELEN LERNEN
Ein Lern- und Liederbuch für Jung & Alt – Bestell-Nr. 11 587
KOHL VERLAG

28 Spannenlanger Hansel

	1	2	3	4	5	6	7	8	9	10	
C				↓3							Span - nen - lan -
				↑1							ger
					↓2						Han - sel,
G^7				↑1							nu -
				↓1							del -
				↑1							di -
					↓1						cke
C				↓1							Dirn,
					↓3						gehn‘ wir in
					↑1						den
						↓2					Gar - ten
G^7					↑1						schüt -
					↓1						teln
					↑1						wir
						↓1					die
C					↓1						Birn‘.
						↓4					Schüt - tel ich die
F						↑2					gro - ßen,
G^7					↑4						schüt - telst du die
C						↓1					klein‘.
				↓3							Wenn das Säck -
				↓1							lein
				↑2							voll ist,
G^7			↑1								gehn‘
				↓1							wir
				↑1							wie -
					↓1						der
C				↓1							heim.

KOHL VERLAG MUNDHARMONIKA SPIELEN LERNEN Ein Lern- und Liederbuch für Jung & Alt – Bestell-Nr. 11 587

29 Summ, summ, summ

	1	2	3	4	5	6	7	8	9	10	
C						↓1					Summ,
G^7					↑1						summ,
C					↓1						summ,
G^7				↑1							Bien -
					↓1						chen
					↑1						summ
				↑1							her -
C				↓1							um.
					↓1						Ei
					↑1						wir
						↓1					tun
					↓1						dir
G^7				↑1							nichts
					↓1						zu -
					↑1						lei -
				↑1							de,
C					↓1						flieg
					↑1						nur
						↓1					aus
					↓1						in
G7				↑1							Wald
					↓1						und
					↑1						Hei -
				↑1							de.
C					↓1						Summ,
G^7				↑1							summ,
C				↓1							summ,
G^7			↑1								Bien -
				↓1							chen
				↑1							summ
			↑1								her -
C			↓1								um.

KOHL VERLAG MUNDHARMONIKA SPIELEN LERNEN Ein Lern- und Liederbuch für Jung & Alt – Bestell-Nr. 11 587

30 Und in dem Schneegebirge

	1	2	3	4	5	6	7	8	9	10		
/C				↓2							Und in	
					↓1						dem	
						↓2					Schnee - ge -	
F						↑1					bir -	
C						↓1					ge,	
					↑1						da	
					↓1						fließt	
				↑1							ein	
				↓1							Brü -	
					↓1						ünn -	
						↓1					lei -	
					↓1						ein	
G				↑1							kalt,	
G^7				↑2							und wer	und wer
					↓1						dar -	dar -
					↑1						aus	aus
				↑1							tut	tut
					↓1						trin -	trin -
						↓1					ken,	ken
	Wiederholung											
C							↓1				wird	
						↓1					jung	
					↑1						und	
					↓1						nim -	
G^7				↑1							mer	
C				↓1							alt.	

31 Wahre Freundschaft

	1	2	3	4	5	6	7	8	9	10	
				↓1							Wah -
					↓1						re
C						↓1					Freund -
					↓2						schaft soll
						↓1					ni -
/G					↓2						icht wa -
				↑2							an - ken,
				↓1							wenn
					↓1						sie
C						↓1					gleich
						↑1					e -
						↓1					ent -
G^7					↑1						fer -
						↓1					ne -
					↑1						et
C/C^7					↓1						ist.
				↓2							Le - bet
F						↑3					fort noch i -
							↑1				in
							↓1				Ge -
/C						↑2					e - da -
						↓2					an- ken
					↓1						und
						↓2					der Treu -
						↑1					e -
						↓1					e
G^7					↑1						nie
						↓1					ve -
					↑1						er -
					↓1						gisst.
	Wiederholung										

MUNDHARMONIKA SPIELEN LERNEN
Ein Lern- und Liederbuch für Jung & Alt – Bestell-Nr. 11 587
KOHL VERLAG

32 Wenn alle Brünnlein fließen

	1	2	3	4	5	6	7	8	9	10		
			↓1								Wenn	Wenn
C				↓2							al - le	ich mein
G^7				↑2							Brünn - lein	Schatz nicht
C					↓1						flie -	ru -
				↑1							hi -	fen
				↓1							ßen,	darf,
					↓1						so	tu
F					↑1						muss	ich
					↓1						man	ihm
				↑1							tri -	wi -
				↓1							in -	in -
G				↑1							ken.	ken.
	Wiederholung											
/G^7						↓2					Wenn ich	
						↑1					mein	
						↓1					Schatz	
					↑1						nicht	
C					↓1						ru -	
				↑1							fen	
				↓1							darf,	
G				↑1							ju,	
G^7					↓2						ja ru -	
C					↑1						fen	
					↓1						darf,	
F				↑1							tu	
C				↓1							ich	
			↓1								i -	
G^7			↑1								ihm	
					↓1						wi -	
				↑1							in -	
C				↓1							ken.	

KOHL VERLAG MUNDHARMONIKA SPIELEN LERNEN Ein Lern- und Liederbuch für Jung & Alt – Bestell-Nr. 11 587

33 Wie ein Vogel zu fliegen

	1	2	3	4	5	6	7	8	9	10	
			↓2								Wie ein
C				↓2							Vo - ge -
			↑1								el
G				↓1							zu -
				↑1							u
C					↓2						flie - gen
					↓1						in
					↑1						die
						↓2					Wol - ken
						↑1					hi -
F					↑1						nein,
				↑1							ja
					↓1						das
G^7					↑2						wär ei -
					↓1						en
					↑1						Ve -
						↓1					er -
C					↓2						gnü - gen,
				↑1							möcht
				↓1							ein
G^7				↑2							Flie - ge -
				↓1							er
				↑1							da-
					↓1						ann
C				↓1							sein.

MUNDHARMONIKA SPIELEN LERNEN
Ein Lern- und Liederbuch für Jung & Alt – Bestell-Nr. 11 587
KOHL VERLAG

34 Wind, Wind, fröhlicher Gesell'

	1	2	3	4	5	6	7	8	9	10	
C						↓1					Wind,
					↓1						Wind,
a^{m7}						↓1					Wind,
					↓1						Wind,
C				↑1							fröh -
				↓1							li -
G^7				↑1							cher
					↓1						Ge -
C				↓1							sell,
G				↑1							bläst
					↓1						um
F					↑1						al -
						↑1					le
C						↓1					E -
					↓1						cken
G				↑1							willst
					↓1						uns
F					↑1						im -
						↑1					mer
C						↓1					ne -
					↓1						cken
C						↓1					Wind,
					↓1						Wind,
a^{m7}						↓1					Wind,
					↓1						Wind,
C				↑1							fröh -
				↓1							li -
G^7				↑1							cher
					↓1						Ge -
C				↓1							sell.

MUNDHARMONIKA SPIELEN LERNEN – Bestell-Nr. 11 587
Ein Lern- und Liederbuch für Jung & Alt
KOHL VERLAG

35 Winter ade

	1	2	3	4	5	6	7	8	9	10	
C					↓2						Win - ter
				↑1							a -
				↓1							de!
					↓2						Schei -
				↑1							den
				↓1							tut weh.
					↓1						A -
					↑1						ber
/G^7						↓2					dein Schei -
					↑1						de -
					↓1						en
					↑1						macht,
				↑1							dass
					↓1						mir
C					↑2						das Her -
					↓1						ze -
				↑1							he
					↓3						lacht. Win - ter
					↑1						a -
						↓1					de‘.
C					↓2						Schei - den
G^7				↑1							tut
C				↓1							weh.

MUNDHARMONIKA SPIELEN LERNEN
Ein Lern- und Liederbuch für Jung & Alt – Bestell-Nr. 11 587
KOHL VERLAG

36 Zwischen Berg und tiefem, tiefem Tal

	1	2	3	4	5	6	7	8	9	10	
C			↓2								Zwi - schen
				↓1							Berg
/G					↓2						und tie -
				↑2							fem, tie -
				↓1							fem
				↑1							Tal
G^7			↓1								sa -
			↑1								ßen
				↑1							einst
/C					↑2						zwei Ha -
				↓1							sen,
						↓1					fra -
					↑1						ßen
					↓1						ab
						↓1					das
d^m						↑1					grü -
						↓1					ne
					↑1						grü -
					↓1						ne
					↑1						Gras,

KOHL VERLAG
MUNDHARMONIKA SPIELEN LERNEN
Ein Lern- und Liederbuch für Jung & Alt – Bestell-Nr. 11 587

36 Zwischen Berg und tiefem, tiefem Tal

	1	2	3	4	5	6	7	8	9	10	
G^7					↑1						fra -
					↓1						ßen
				↑1							ab
					↑1						das
C						↓1					grü -
					↑1						ne
					↓1						grü -
				↑1							ne
					↓1						Gras
				↓1							bi -
					↓1						his
						↓1					auf
					↓1						de -
				↓1							en
G^7				↑1							Ra -
C				↓1							sen.

37 Lasst uns froh und munter sein

	1	2	3	4	5	6	7	8	9	10	
C						↓2					Lasst uns
G						↓1					fro -
						↑1					oh
						↓1					u -
					↑1						und
C					↓3						mun - ter sein
G^7					↑2						und uns
F					↑1						re -
						↓1					echt
					↑1						vo -
					↓1						on
G				↑3							Her - zen freun.
C				↓1							Lus -
G				↑1							tig,
C					↓1						lus -
G					↑1						tig
C						↓1					tra -
						↑1					le -
						↓1					ra -
						↑1					le -
						↓1					ra!

KOHL VERLAG MUNDHARMONIKA SPIELEN LERNEN Ein Lern- und Liederbuch für Jung & Alt – Bestell-Nr. 11 587

37 Lasst uns froh und munter sein – Teil 2

	1	2	3	4	5	6	7	8	9	10	
C							↓1				Bald
						↓2					ist Ni -
						↑1					ko -
F						↓1					la -
					↑1						aus -
C					↓1						a -
G				↑1							bend
C						↓1					da,
C							↓1				bald
						↓1					ist
G						↓1					Ni -
						↑1					ko -
						↓1					la -
					↑1						aus -
C					↓1						a -
G				↑1							bend
C				↓1							da.

MUNDHARMONIKA SPIELEN LERNEN
Ein Lern- und Liederbuch für Jung & Alt – Bestell-Nr. 11 587
KOHL VERLAG

38 Oh, es riecht gut

	1	2	3	4	5	6	7	8	9	10	
C				↓1							Oh,
G^7				↑2							es riecht
C					↓1						gut,
C				↓1							oh,
G^7				↑2							es riecht
C					↓1						fein,
						↓1					heut
F					↑1						rühren
					↓1						wir
G^7				↑1							Teig
					↑1						für
					↓1						Plätz -
				↑1							chen
C				↓1							ein.
C						↓1					In
						↑1					der
						↓1					Kü -
						↑1					che
						↓1					wird
					↓3						ge - ba - cken
G7					↑1						helft
						↓1					nur
					↑1						al -
						↓1					le
					↑1						Man -
				↑3							deln kna - cken

38 Oh, es riecht gut

	1	2	3	4	5	6	7	8	9	10	
C				↓1							Oh,
G^7				↑2							es riecht
C					↓1						gut,
F					↑1						oh,
G^7				↑2							es riecht
C				↓1							fein.

KOHL VERLAG MUNDHARMONIKA SPIELEN LERNEN Ein Lern- und Liederbuch für Jung & Alt – Bestell-Nr. 11 587

39 O Tannenbaum

	1	2	3	4	5	6	7	8	9	10	
			↓1								O
C				↓3							Tan - nen - baum,
G				↑1							o
a^m					↓3						Tan - nen - baum,
					↓1						wie
d^m				↑1							grün
					↓1						sind
					↑1						dei -
G			↑1								ne
C				↑1							Blät -
				↓1							ter.
/C						↓2					Du grünst
					↓1						nicht
						↑1					nur
d^m						↓2					zur Som -
					↑2						mer - zeit.
/G					↑2						nein auch
				↑1							im
						↓1					Win -
/C					↑2						ter wenn
					↓2						es schneit.
	Wiederholung des ersten Teils										

40 So viel Heimlichkeit

	1	2	3	4	5	6	7	8	9	10	
C						↓1					So
F						↑1					viel
C						↓2					Heim - lich -
					↓1						keit
C						↓1					in
F						↑1					der
C						↓2					Weih - nachts -
					↓1						zeit!
G^7					↑2						Mei - ne
				↑2							Pup - pen
C					↓2						sind ver -
				↓2							schwun - den,
G^7					↑2						hab nicht
				↑2							mal den
C					↓2						Bär ge -
				↓2							fun - den!
C						↓1					So
F						↑1					viel
C						↓2					Heim - lich -
					↓1						keit
F						↓1					in
					↑1						der
G^7					↓1						Weih -
				↑1							nachts -
C				↓1							zeit.

MUNDHARMONIKA SPIELEN LERNEN
Ein Lern- und Liederbuch für Jung & Alt – Bestell-Nr. 11 587
KOHL VERLAG

D Anhang zum Singen

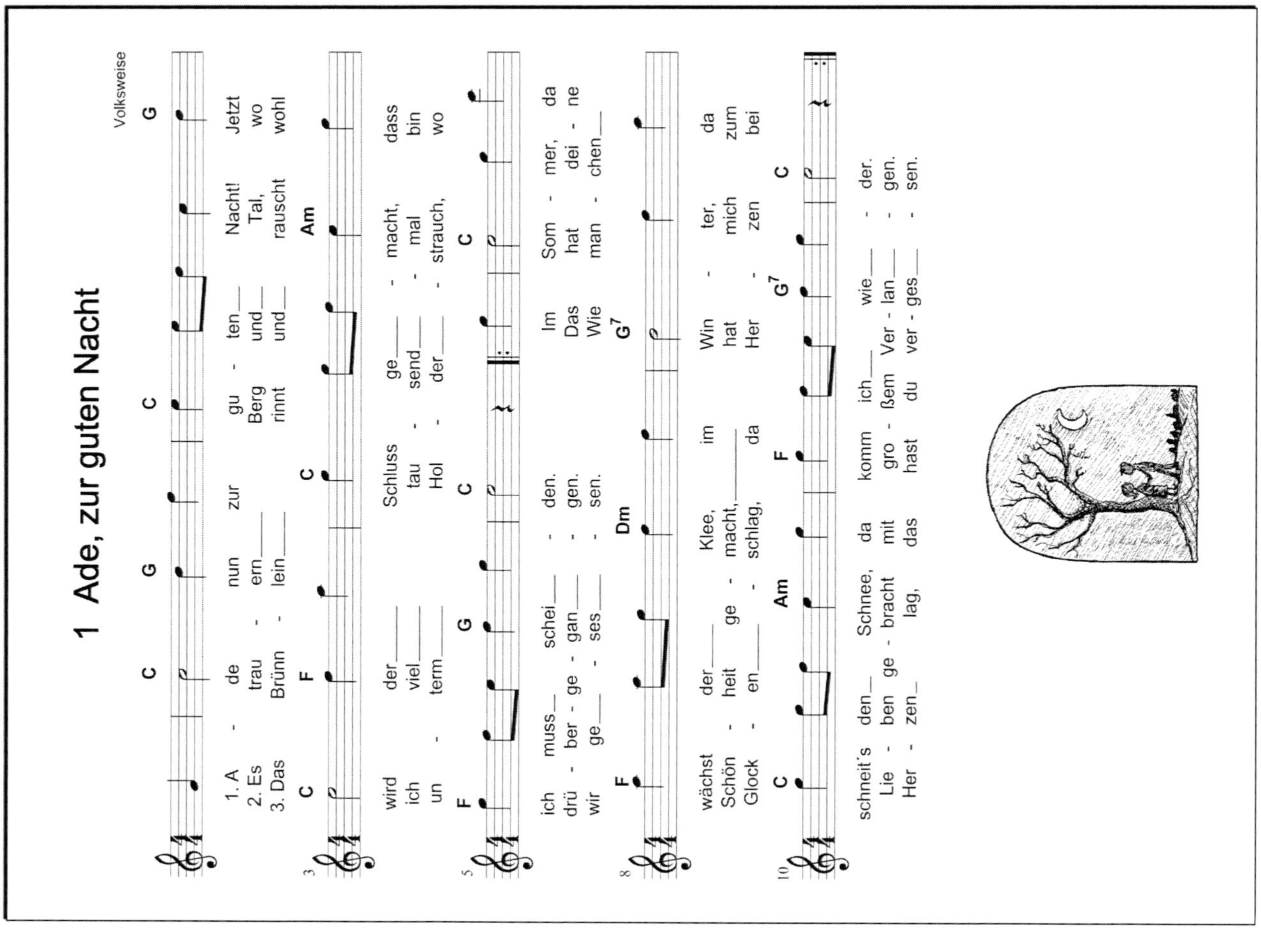

1 Ade, zur guten Nacht

Volksweise

C G C G

1. A - de nun zur gu - ten__ Nacht! Jetzt
2. Es trau - ern__ Berg und__ Tal, wo
3. Das Brünn - lein__ rinnt und__ rauscht wohl

C F C Am

wird der__ Schluss ge__ - macht, dass
ich viel__ tau - send__ - mal bin
un - term__ Hol - der__ - strauch, wo

F G C C

ich muss__ schei__ - den. Im Som - mer, da
drü - ber - ge - gan__ - gen. Das hat dei - ne
wir ge__ - ses__ - sen. Wie man - chen__

F Dm G7

wächst der__ Klee, im Win - ter, da
Schön - heit ge - macht,__ hat mich zum
Glock - en__ - schlag, da Her - zen bei

C Am F G7 C

schneit´s den__ Schnee, da komm ich__ wie__ - der.
Lie - ben ge - bracht mit gro - ßem Ver - lan__ - gen.
Her - zen__ lag, das hast du ver - ges__ - sen.

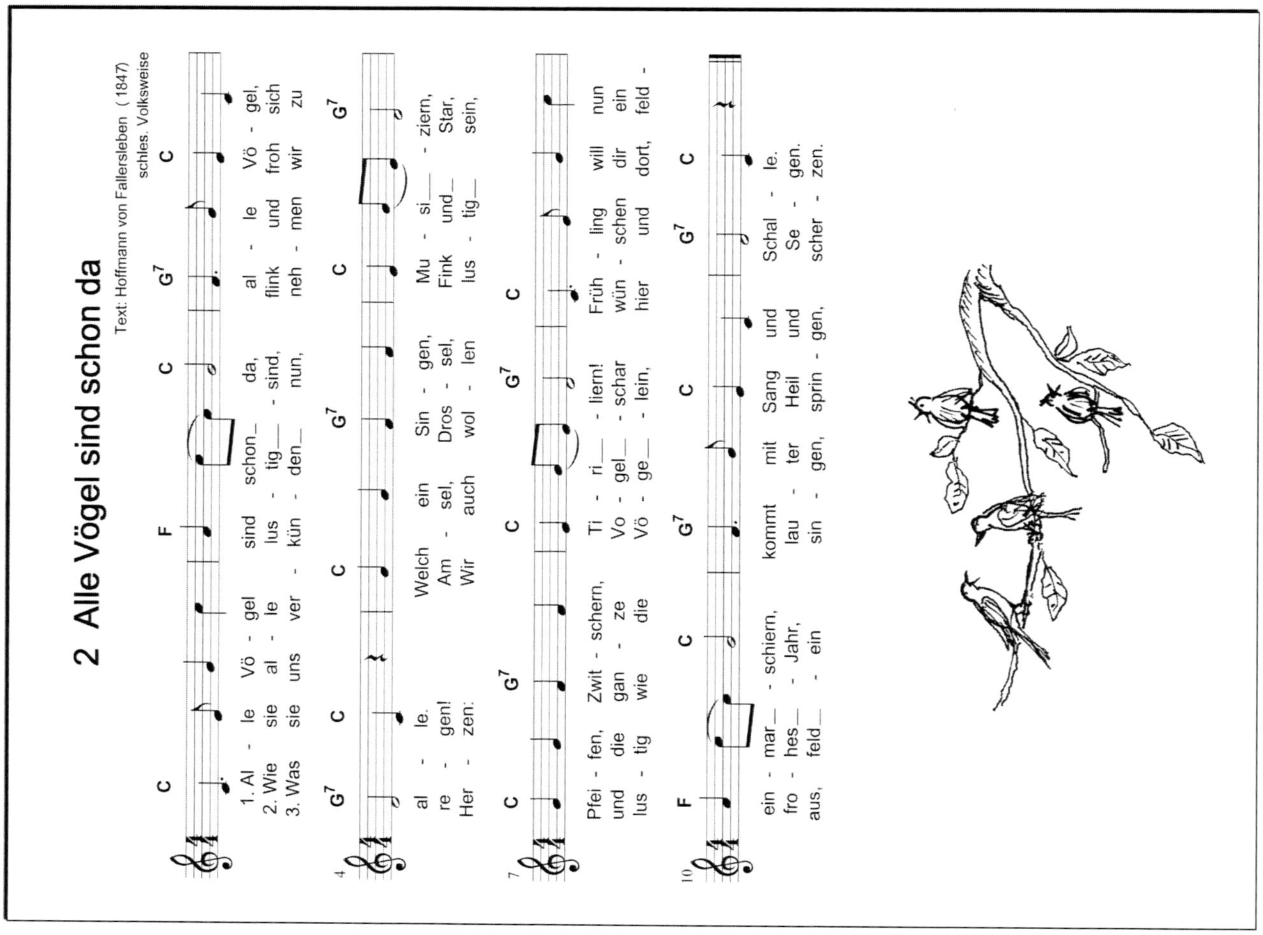

2 Alle Vögel sind schon da

Text: Hoffmann von Fallersleben (1847)
schles. Volksweise

C F C G7 C

1. Al - le Vö - gel sind schon__ da, al - le Vö - gel,
2. Wie sie al - le lus - tig__ - sind, flink und froh sich
3. Was sie uns ver - kün - den__ nun, neh - men wir zu

G7 C C G7 C G7

al - le. Welch ein Sin - gen, Mu - si__ - ziern,
re - gen! Am - sel, Dros - sel, Fink und__ Star,
Her - zen: Wir auch wol - len lus - tig__ sein,

C G7 C G7 C

Pfei - fen, Zwit - schern, Ti - ri__ - liern! Früh - ling will nun
und die gan - ze Vo - gel__ - schar wün - schen dir ein
lus - tig wie die Vö - ge__ - lein, hier und dort, feld -

F C G7 C G7 C

ein - mar__ - schiern, kommt mit Sang und Schal - le.
fro - hes__ - Jahr, lau - ter Heil und Se - gen.
aus, feld__ - ein sin - gen, sprin - gen, scher - zen.

KOHL VERLAG
MUNDHARMONIKA SPIELEN LERNEN
Ein Lern- und Liederbuch für Jung & Alt – Bestell-Nr. 11 587

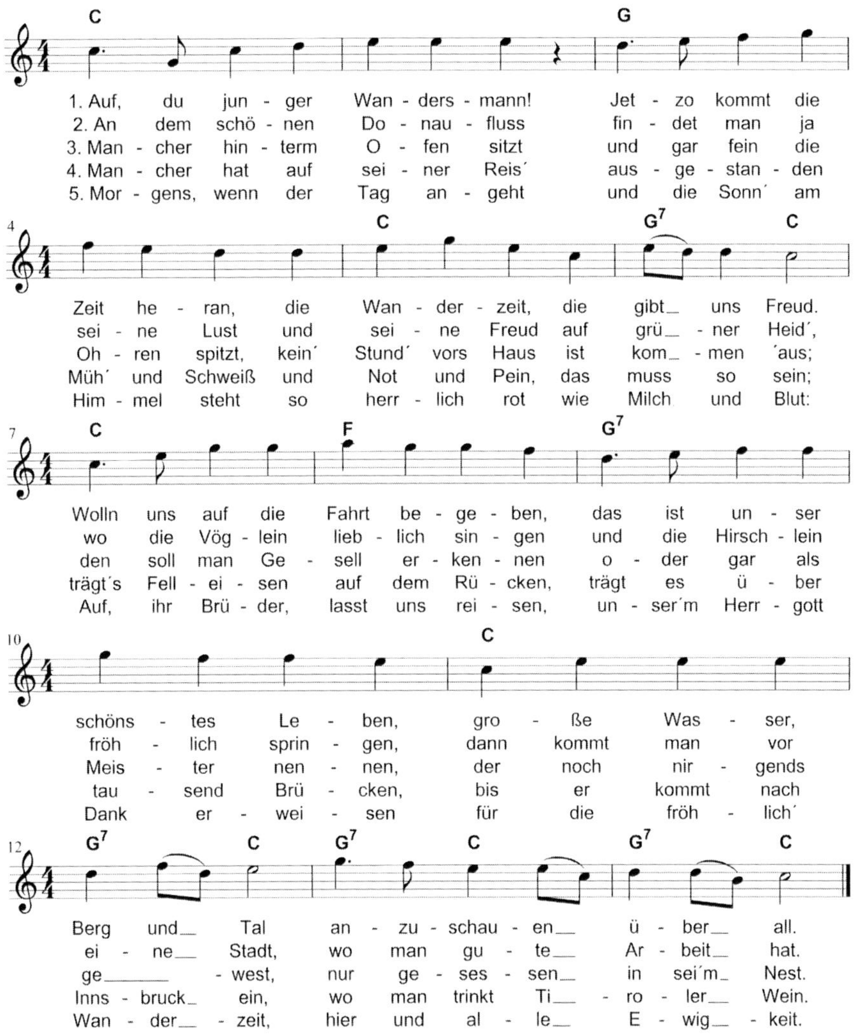

3 Auf der Lüneburger Heide

Text: Hermann Löns
Musik: Ludwig Rahlfs

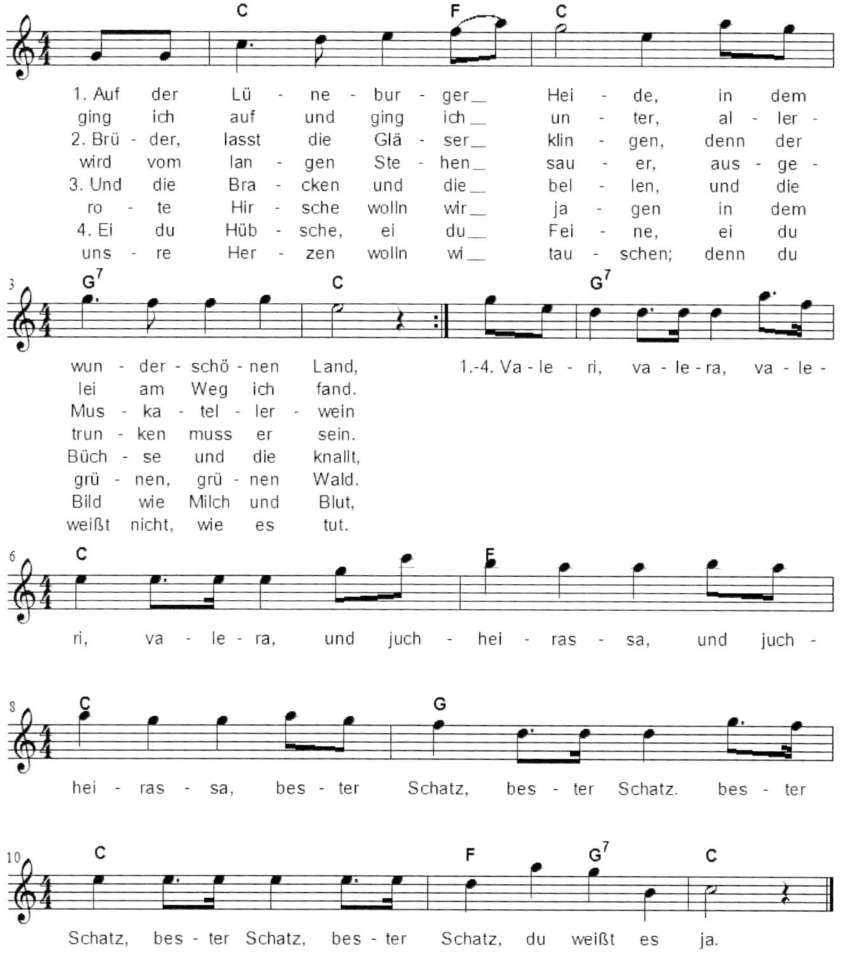

1. Auf der Lü - ne - bur - ger_ Hei - de, in dem
ging ich auf und ging ich_ un - ter, al - ler -
2. Brü - der, lasst die Glä - ser_ klin - gen, denn der
wird vom lan - gen Ste - hen_ sau - er, aus - ge -
3. Und die Bra - cken und die_ bel - len, und die
ro - te Hir - sche wolln wir_ ja - gen in dem
4. Ei du Hüb - sche, ei du_ Fei - ne, ei du
uns - re Her - zen wolln wi_ tau - schen; denn du

wun - der - schö - nen Land,
lei am Weg ich fand.
Mus - ka - tel - ler - wein
trun - ken muss er sein.
Büch - se und die knallt,
grü - nen, grü - nen Wald.
Bild wie Milch und Blut,
weißt nicht, wie es tut.

1.-4. Va - le - ri, va - le - ra, va - le - ri, va - le - ra, und juch - hei - ras - sa, und juch - hei - ras - sa, bes - ter Schatz, bes - ter Schatz, bes - ter Schatz, bes - ter Schatz, bes - ter Schatz, du weißt es ja.

4 Auf, du junger Wandersmann

Volksweise

1. Auf, du jun - ger Wan - ders - mann! Jet - zo kommt die
2. An dem schö - nen Do - nau - fluss fin - det man ja
3. Man - cher hin - term O - fen sitzt und gar fein die
4. Man - cher hat auf sei - ner Reis´ aus - ge - stan - den
5. Mor - gens, wenn der Tag an - geht und die Sonn´ am

Zeit he - ran, die Wan - der - zeit, die gibt_ uns Freud.
sei - ne Lust und sei - ne Freud auf grü_ - ner Heid´,
Oh - ren spitzt, kein´ Stund´ vors Haus ist kom_ - men ´aus;
Müh´ und Schweiß und Not und Pein, das muss so sein;
Him - mel steht so herr - lich rot wie Milch und Blut:

Wolln uns auf die Fahrt be - ge - ben, das ist un - ser
wo die Vög - lein lieb - lich sin - gen und die Hirsch - lein
den soll man Ge - sell er - ken - nen o - der gar als
trägt´s Fell - ei - sen auf dem Rü - cken, trägt es ü - ber
Auf, ihr Brü - der, lasst uns rei - sen, un - ser´m Herr - gott

schöns - tes Le - ben, gro - ße Was - ser,
fröh - lich sprin - gen, dann kommt man vor
Meis - ter nen - nen, der noch nir - gends
tau - send Brü - cken, bis er kommt nach
Dank er - wei - sen für die fröh - lich´

Berg und_ Tal an - zu - schau - en_ ü - ber_ all.
ei - ne_ Stadt, wo man gu - te_ Ar - beit_ hat.
ge______ - west, nur ge - ses - sen_ in sei´m_ Nest.
Inns - bruck_ ein, wo man trinkt Ti_ - ro - ler_ Wein.
Wan - der_ - zeit, hier und al - le_ E - wig_ - keit.

5 Bruder Jakob

frz. Volkslied
Kanon

1. C
Bru - der Ja - kob, Bru - der Ja - kob,
2. C
schläfst du noch?
Schläfst du noch?
3. C
Hörst du nicht die Glo - cken,
hörst du nicht die Glo - cken?
4. C
Ding, dong, ding, ding, dong, ding.

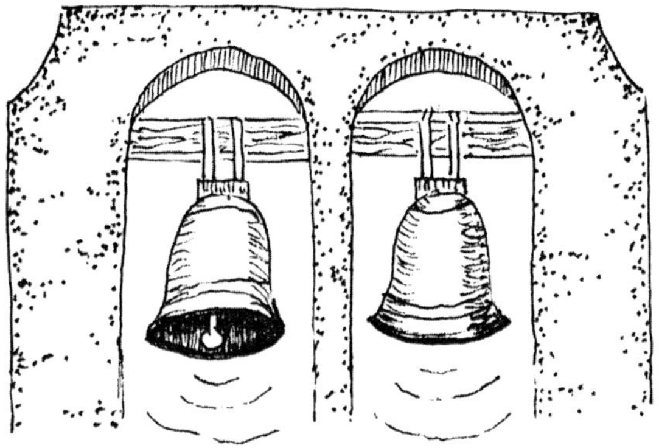

6 Der Kuckuck und der Esel

Text: Hoffmann von Fallersleben
Musik: Friedrich Zelter

C – G7 – C – G7 – C – Am – G – G7 – C – G7 – C

1. Der Ku - ckuck und der E - sel, die hat - ten ei - nen Streit, wer_ wohl am bes - ten sän - ge, wer_ wohl am bes - ten sän - ge zur schö - nen Som - mer - zeit, zur schö - nen Som - mer - zeit.

2. Der Ku - ckuck sprach: "Das kann ich!" und hub gleich an zu schrei´n. "Ich_ kann es a - ber bes - ser! Ich_ kann es a - ber bes - ser!" fiel gleich der E - sel ein, fiel gleich der E - sel ein.

3. Das klang so schön und lieb - lich, so schön von fern und nah; sie_ san - gen al - le bei - de, sie_ san - gen al - le bei - de: "Ku - ckuck, Ku - ckuck, I - a! Ku - ckuck, Ku - ckuck, I - a."

7 Der Mond ist aufgegangen

Text: Matthias Claudius
Musik: J.A.P. Schulz

C G C F C G7 C

1. Der Mond ist auf - ge - gan - gen, die
der Wald steht schwarz und schwei - get, und
2. Wie ist die Welt so stil - le und
Als ei - ne stil - le Kam - mer, wo
3. Seht ihr den Mond dort ste - hen? Es
So sind wohl man - che Sa - chen, die
4. Wir stol - zen Men - schen - kin - der sind
Wir spin - nen Luft - ge - spins - te und
5. Gott, lass uns dein Heil schau - en, auf
Lass uns ein - fäl - tig wer - den und
6. So legt euch denn, ihr Brü - der in
Ver - schon uns, Gott, mit Stra - fen und

3 F C G7 C | 1. Am F

1.gold´ - nen Ster - lein pran - gen am Him - mel hell und
aus den Wol - ken stei - get der
2.in der Dämm´ - rung Hül - le so trau - lich und so
ihr des Ta - ges Jam - mer ver -
3.ist nur halb zu se - hen und ist doch rund und
wir ge - trost be - la - chen, weil
4.ei - tel ar - me Sün - der und wis - sen gar nicht
su - chen vie - le Küns - te und
5.nichts Ver - gäng - lichs trau - en, nicht Ei - tel - keit uns
vor dir hier auf Er - den wie
6.Got - tes Na - men nie - der; kalt ist der A - bend -
lass uns ru - hig schla - fen und

6 G | 2. Am F G7 C

klar, wei - ße Ne - bel wun - der - bar.
hold! schla - fen und ver - ges - sen sollt.
schön. uns - re Au - gen sie nicht sehn.
viel. kom - men wei - ter von dem Ziel.
freun! Kin - der fromm und fröh - lich sein.
hauch. un - sern kran - ken Nach - barn auch.

8 Ein Männlein steht im Walde

Text: Hoffmann von Fallersleben
Musik: Volksweise

C F C G

1. Ein Männ - lein steht im Wal - de ganz still und
es hat von lau - ter Pur - pur ein Mänt - lein
2. Das Männ - lein steht im Wal - de auf ei - nem
und hat auf sei - nem Haup - te schwarz Käpp - lein

4 C C G7 C

stumm,
um.
Bein
klein.
1.-2. Sagt, wer mag das Männ - lein sein, das da steht im

8 G7 C F C G7 C

Wald al - lein mit dem pur - pur - ro - ten_ Män - te - lein.

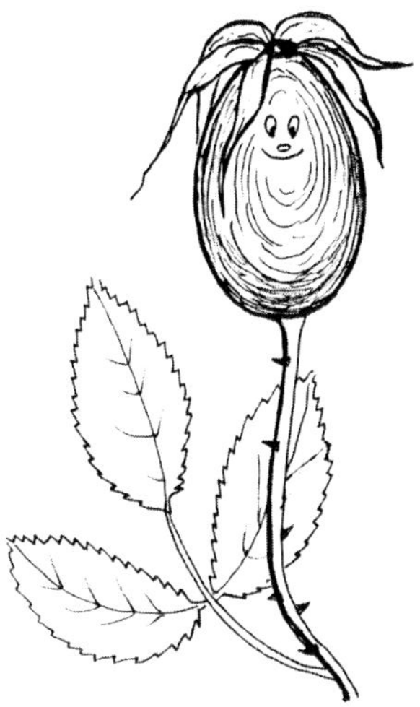

KOHL VERLAG
MUNDHARMONIKA SPIELEN LERNEN
Ein Lern- und Liederbuch für Jung & Alt – Bestell-Nr. 11 587

9 Es klappert die Mühle am rauschenden Bach

Ernst Anschütz (1824)
Musik: Volksweise

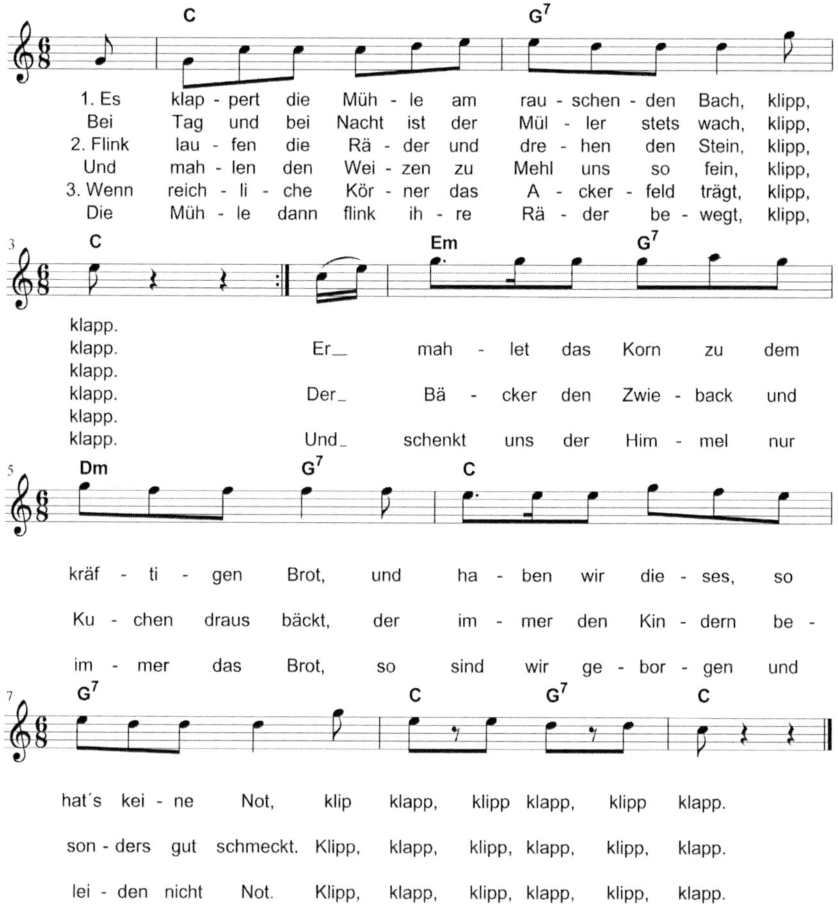

C G7 C Em G7 Dm G7 C G7 C G7 C

1. Es klap - pert die Müh - le am rau - schen - den Bach, klipp, klapp.
Bei Tag und bei Nacht ist der Mül - ler stets wach, klipp, klapp.
2. Flink lau - fen die Rä - der und dre - hen den Stein, klipp, klapp.
Und mah - len den Wei - zen zu Mehl uns so fein, klipp, klapp.
3. Wenn reich - li - che Kör - ner das A - cker - feld trägt, klipp, klapp.
Die Müh - le dann flink ih - re Rä - der be - wegt, klipp, klapp.

Er_ mah - let das Korn zu dem kräf - ti - gen Brot, und ha - ben wir die - ses, so hat´s kei - ne Not, klip klapp, klipp klapp, klipp klapp.
Der_ Bä - cker den Zwie - back und Ku - chen draus bäckt, der im - mer den Kin - dern be - son - ders gut schmeckt. Klipp, klapp, klipp, klapp, klipp, klapp.
Und_ schenkt uns der Him - mel nur im - mer das Brot, so sind wir ge - bor - gen und lei - den nicht Not. Klipp, klapp, klipp, klapp, klipp, klapp.

10 Es war eine Mutter

Volksweise

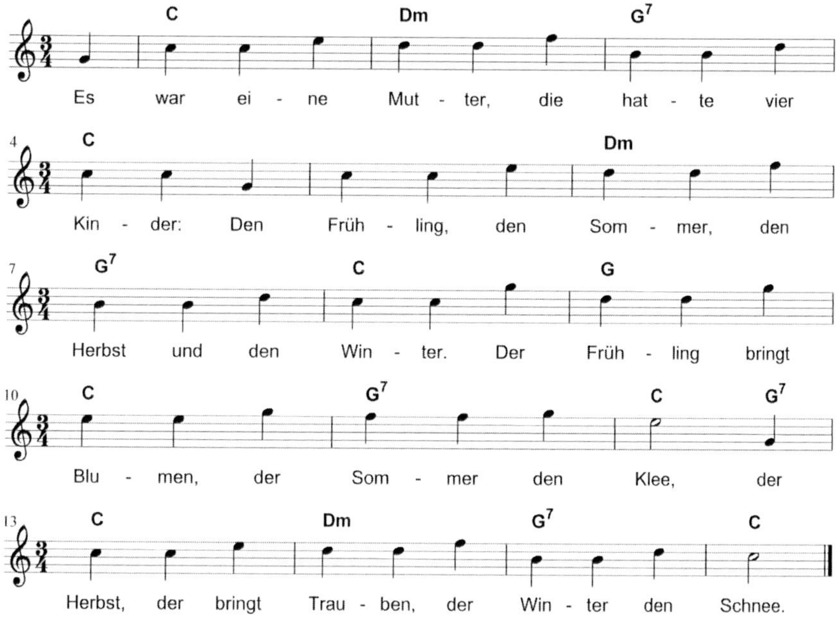

C Dm G7 C Dm G7 C G C G7 C G7 C Dm G7 C

Es war ei - ne Mut - ter, die hat - te vier Kin - der: Den Früh - ling, den Som - mer, den Herbst und den Win - ter. Der Früh - ling bringt Blu - men, der Som - mer den Klee, der Herbst, der bringt Trau - ben, der Win - ter den Schnee.

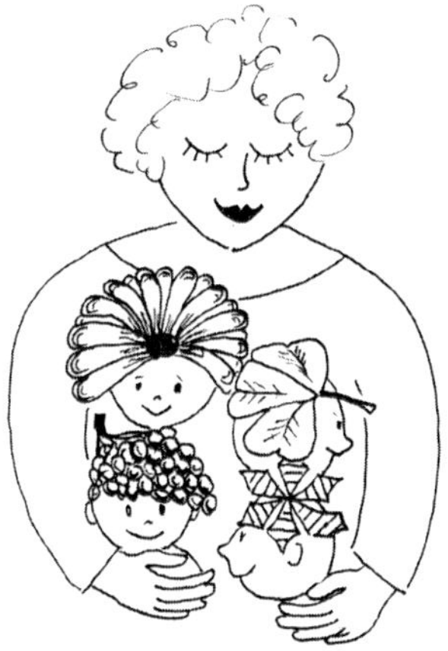

Seite 68

11 Es waren zwei Königskinder

Volksweise

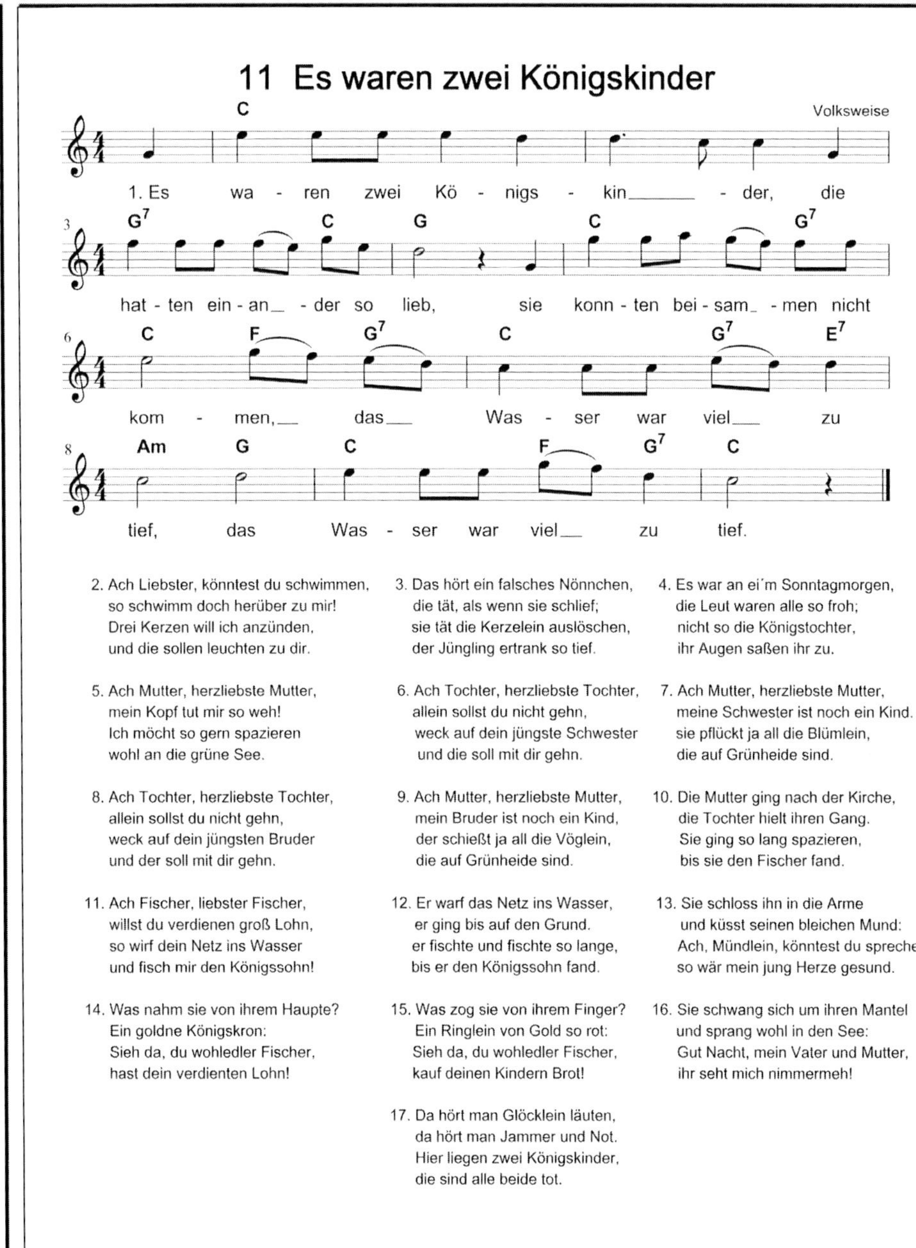

2. Ach Liebster, könntest du schwimmen,
so schwimm doch herüber zu mir!
Drei Kerzen will ich anzünden,
und die sollen leuchten zu dir.

3. Das hört ein falsches Nönnchen,
die tät, als wenn sie schlief;
sie tät die Kerzelein auslöschen,
der Jüngling ertrank so tief.

4. Es war an ei'm Sonntagmorgen,
die Leut waren alle so froh;
nicht so die Königstochter,
ihr Augen saßen ihr zu.

5. Ach Mutter, herzliebste Mutter,
mein Kopf tut mir so weh!
Ich möcht so gern spazieren
wohl an die grüne See.

6. Ach Tochter, herzliebste Tochter,
allein sollst du nicht gehn,
weck auf dein jüngste Schwester
und die soll mit dir gehn.

7. Ach Mutter, herzliebste Mutter,
meine Schwester ist noch ein Kind.
sie pflückt ja all die Blümlein,
die auf Grünheide sind.

8. Ach Tochter, herzliebste Tochter,
allein sollst du nicht gehn,
weck auf dein jüngsten Bruder
und der soll mit dir gehn.

9. Ach Mutter, herzliebste Mutter,
mein Bruder ist noch ein Kind,
der schießt ja all die Vöglein,
die auf Grünheide sind.

10. Die Mutter ging nach der Kirche,
die Tochter hielt ihren Gang.
Sie ging so lang spazieren,
bis sie den Fischer fand.

11. Ach Fischer, liebster Fischer,
willst du verdienen groß Lohn,
so wirf dein Netz ins Wasser
und fisch mir den Königssohn!

12. Er warf das Netz ins Wasser,
er ging bis auf den Grund.
er fischte und fischte so lange,
bis er den Königssohn fand.

13. Sie schloss ihn in die Arme
und küsst seinen bleichen Mund:
Ach, Mündlein, könntest du sprechen,
so wär mein jung Herze gesund.

14. Was nahm sie von ihrem Haupte?
Ein goldne Königskron:
Sieh da, du wohledler Fischer,
hast dein verdienten Lohn!

15. Was zog sie von ihrem Finger?
Ein Ringlein von Gold so rot:
Sieh da, du wohledler Fischer,
kauf deinen Kindern Brot!

16. Sie schwang sich um ihren Mantel
und sprang wohl in den See:
Gut Nacht, mein Vater und Mutter,
ihr seht mich nimmermeh!

17. Da hört man Glöcklein läuten,
da hört man Jammer und Not.
Hier liegen zwei Königskinder,
die sind alle beide tot.

12 Grün, grün, grün sind alle meine Kleider

Volksweise

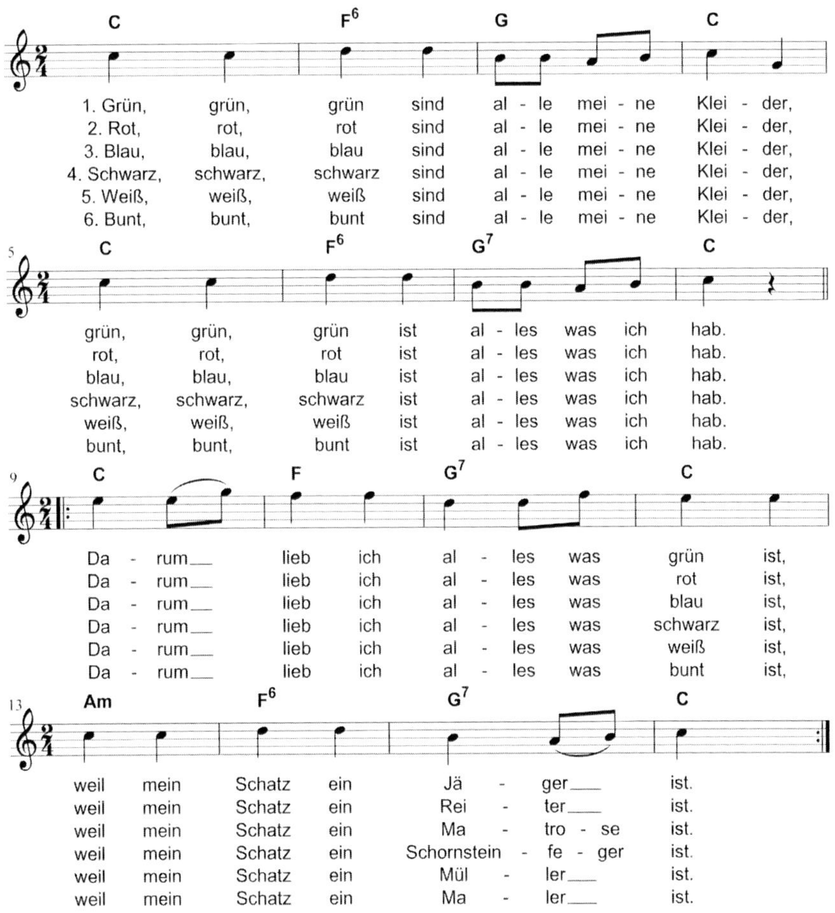

C F6 G C

1. Grün, grün, grün sind al - le mei - ne Klei - der,
2. Rot, rot, rot sind al - le mei - ne Klei - der,
3. Blau, blau, blau sind al - le mei - ne Klei - der,
4. Schwarz, schwarz, schwarz sind al - le mei - ne Klei - der,
5. Weiß, weiß, weiß sind al - le mei - ne Klei - der,
6. Bunt, bunt, bunt sind al - le mei - ne Klei - der,

C F6 G7 C

grün, grün, grün ist al - les was ich hab.
rot, rot, rot ist al - les was ich hab.
blau, blau, blau ist al - les was ich hab.
schwarz, schwarz, schwarz ist al - les was ich hab.
weiß, weiß, weiß ist al - les was ich hab.
bunt, bunt, bunt ist al - les was ich hab.

C F G7 C

Da - rum__ lieb ich al - les was grün ist,
Da - rum__ lieb ich al - les was rot ist,
Da - rum__ lieb ich al - les was blau ist,
Da - rum__ lieb ich al - les was schwarz ist,
Da - rum__ lieb ich al - les was weiß ist,
Da - rum__ lieb ich al - les was bunt ist,

Am F6 G7 C

weil mein Schatz ein Jä - ger__ ist.
weil mein Schatz ein Rei - ter__ ist.
weil mein Schatz ein Ma - tro - se ist.
weil mein Schatz ein Schornstein - fe - ger ist.
weil mein Schatz ein Mül - ler__ ist.
weil mein Schatz ein Ma - ler__ ist.

13 Hab mein Wage vollgelade

Volksweise

C F Dm G7

1. Hab mein Wa - ge voll - ge - la - de, voll mit al - ten
Als wir in die Stadt 'nein - ka - men, hub'n sie an zu
2. Hab mein Wa - ge voll - ge - la - de, voll mit Män - nern,
Als wir in die Stadt 'nein - ka - men, murr - ten sie und
3. Hab mein Wa - ge voll - ge - la - de, voll mit jun - gen
Als wir zu dem Tor 'nein - ka - men, san - gen sie durchs

1. G7 C | 2. G7 C C

Weib - sen. kei - fen. Drum lad ich
al - ten. schal - ten. Drum lad ich
Mäd - chen. Städt - chen. Drum lad ich

F G7 G7

all mein Le - be - ta - ge kein al - te
all mein Le - be - ta - ge nie al - te
all mein Le - be - ta - ge nur jun - ge

C C

Weib - sen auf mein Wa - ge. 1.-3. Hü, Schim - mel,
Män - ner auf mein Wa - ge.
Mäd - chen auf mein Wa - ge.

G G7 C

hü, hü, Schim - mel, hü!

14 Hänsel und Gretel

Volksweise

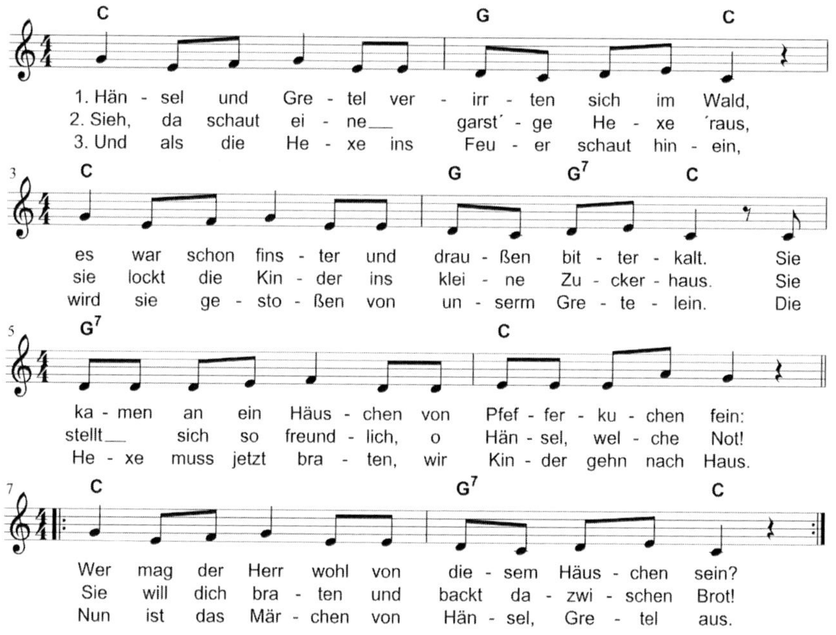

C G C

1. Hän - sel und Gre - tel ver - irr - ten sich im Wald,
2. Sieh, da schaut ei - ne garst' - ge He - xe 'raus,
3. Und als die He - xe ins Feu - er schaut hin - ein,

C G G7 C

es war schon fins - ter und drau - ßen bit - ter - kalt. Sie
sie lockt die Kin - der ins klei - ne Zu - cker - haus. Sie
wird sie ge - sto - ßen von un - serm Gre - te - lein. Die

G7 C

ka - men an ein Häus - chen von Pfef - fer - ku - chen fein:
stellt sich so freund - lich, o Hän - sel, wel - che Not!
He - xe muss jetzt bra - ten, wir Kin - der gehn nach Haus.

C G7 C

Wer mag der Herr wohl von die - sem Häus - chen sein?
Sie will dich bra - ten und backt da - zwi - schen Brot!
Nun ist das Mär - chen von Hän - sel, Gre - tel aus.

KOHL VERLAG
MUNDHARMONIKA SPIELEN LERNEN
Ein Lern- und Liederbuch für Jung & Alt – Bestell-Nr. 11 587

15 Ich bin ein Musikante

Volksweise

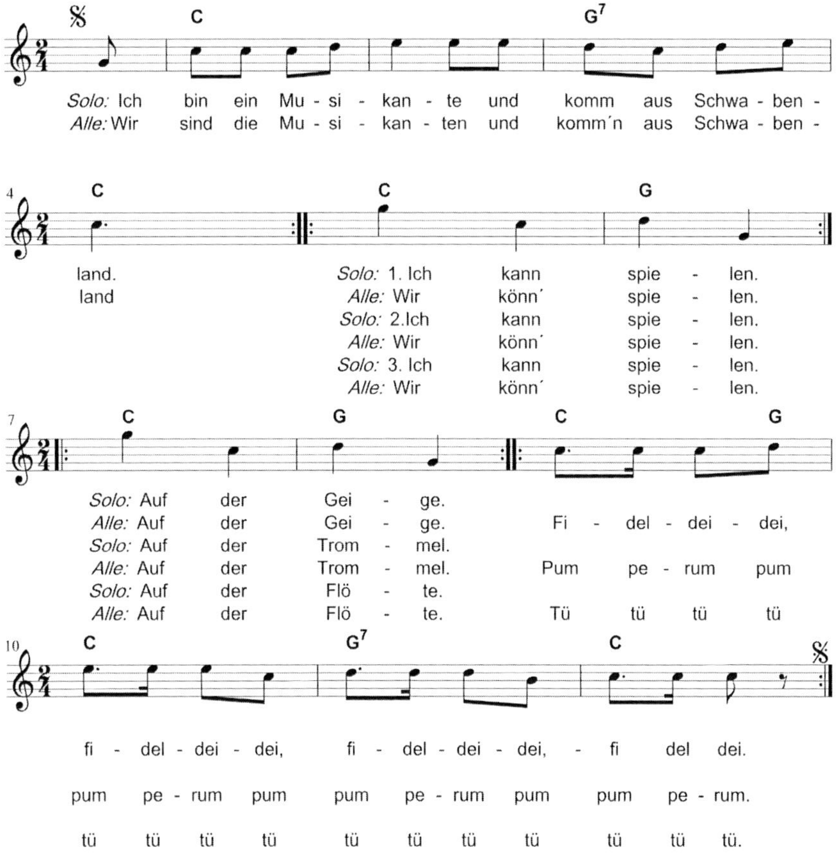

C G7

Solo: Ich bin ein Mu - si - kan - te und komm aus Schwa - ben -
Alle: Wir sind die Mu - si - kan - ten und komm´n aus Schwa - ben -

C C G

land. *Solo:* 1. Ich kann spie - len.
land *Alle:* Wir könn´ spie - len.
Solo: 2.Ich kann spie - len.
Alle: Wir könn´ spie - len.
Solo: 3. Ich kann spie - len.
Alle: Wir könn´ spie - len.

C G C G

Solo: Auf der Gei - ge.
Alle: Auf der Gei - ge. Fi - del - dei - dei,
Solo: Auf der Trom - mel.
Alle: Auf der Trom - mel. Pum pe - rum pum
Solo: Auf der Flö - te.
Alle: Auf der Flö - te. Tü tü tü tü

C G7 C

fi - del - dei - dei, fi - del - dei - dei, - fi del dei.

pum pe - rum pum pum pe - rum pum pum pe - rum.

tü tü tü tü tü tü tü tü tü tü tü.

16 Ich geh mit meiner Laterne

Volksweise

C Am C Am Dm G7

1.-7. Ich geh mit mei - ner La - ter - ne und mei - ne La - ter - ne mit

C Am C Am

mir. Dort o - ben leuch - ten die Ster - ne und

Dm G7 C C Am

un - ten, da leuch_ - ten wir. 1. Mein Licht ist aus, ich
2. La - ter - nen - licht ver -
3. Wie schön das klingt, wenn
4. Der Hahn, der kräht, die
5. Mein Licht ist schön, könnt
6. Ein Lich - ter - meer zu
7. Mein Licht ist aus, ich

C Am Dm G7 C

geh nach Haus, ra - bim - mel, ra - bam - mel, ra - bum.
lösch mir nicht, ra - bim - mel, ra - bam - mel, ra - bum.
je - der singt, ra - bim - mel, ra - bam - mel, ra - bum.
Katz´ mi - aut, ra - bim - mel, ra - bam - mel, ra - bum.
ihr es seh´n, ra - bim - mel, ra - bam - mel, ra - bum.
Mar - tins Ehr, ra - bim - mel, ra - bam - mel, ra - bum
geh´ nach Haus, ra - bim - mel, ra - bam - mel, ra - bum.

17 Ihr Blätter, wollt ihr tanzen

Musik: Chr. Lange
Text: G. Lang

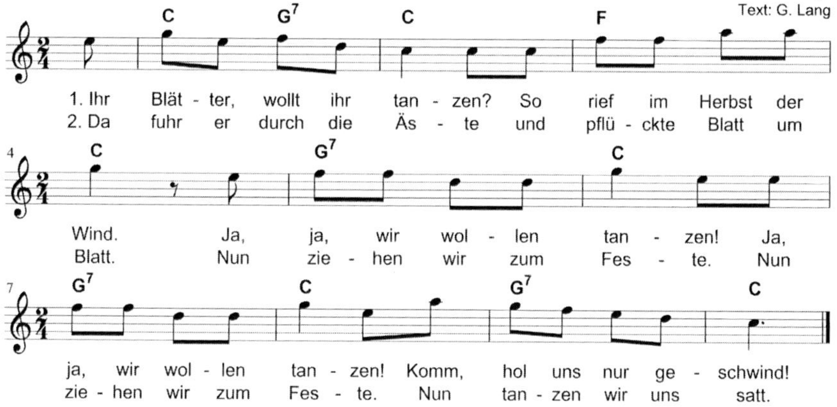

C G7 C F

1. Ihr Blät - ter, wollt ihr tan - zen? So rief im Herbst der
2. Da fuhr er durch die Äs - te und pflü - ckte Blatt um

C G7 C

Wind. Ja, ja, wir wol - len tan - zen! Ja,
Blatt. Nun zie - hen wir zum Fes - te. Nun

G7 C G7 C

ja, wir wol - len tan - zen! Komm, hol uns nur ge - schwind!
zie - hen wir zum Fes - te. Nun tan - zen wir uns satt.

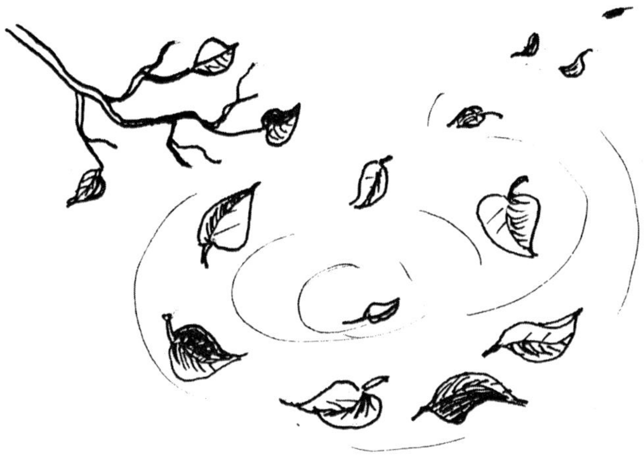

18 Im Frühtau zu Berge

Musik: schwed. Volksweise
Text: Gerd Schulten (1917)

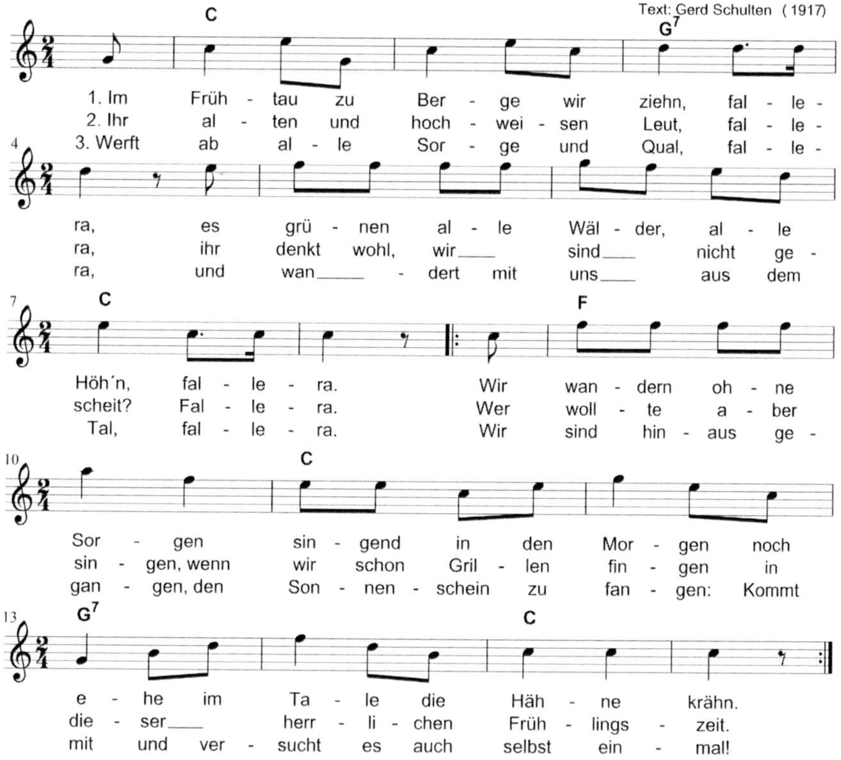

C G7

1. Im Früh - tau zu Ber - ge wir ziehn, fal - le -
2. Ihr al - ten und hoch - wei - sen Leut, fal - le -
3. Werft ab al - le Sor - ge und Qual, fal - le -

ra, es grü - nen al - le Wäl - der, al - le
ra, ihr denkt wohl, wir___ sind___ nicht ge -
ra, und wan___ - dert mit uns___ aus dem

C F

Höh´n, fal - le - ra. Wir wan - dern oh - ne
scheit? Fal - le - ra. Wer woll - te a - ber
Tal, fal - le - ra. Wir sind hin - aus ge -

C

Sor - gen sin - gend in den Mor - gen noch
sin - gen, wenn wir schon Gril - len fin - gen in
gan - gen, den Son - nen - schein zu fan - gen: Kommt

G7 C

e - he im Ta - le die Häh - ne krähn.
die - ser___ herr - li - chen Früh - lings - zeit.
mit und ver - sucht es auch selbst ein - mal!

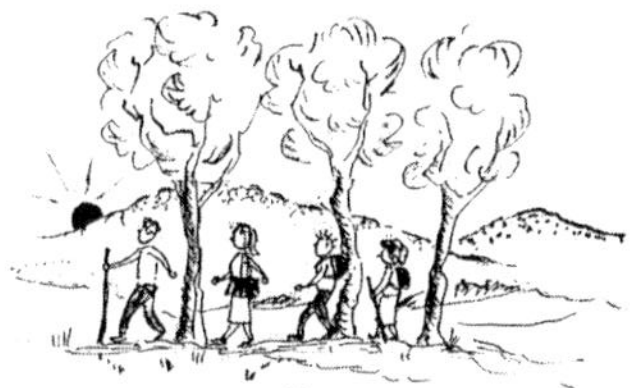

19 Janek hat einen Garten schön

poln. Volkslied

C G7 F

1. Ja - nek hat ei - nen Gar - ten schön, da kann man vie - le
2. Oft kommt Jad - wie - ga hier vor - bei, schaut durch den Zaun und
3. Da kommt der Ja - nek aus der Tür. tritt durch des Gar - tens

C G7

Bee - ren sehn. Schwar - ze und ro - te, groß und klein,
denkt da - bei: Käm doch der Ja - nek aus dem Haus,
bun - te Zier. Bringt sie her - vor kein einz - ges Wort,

F G C G7 C

lo - cken im gold - nen Son - nen - schein.
la - det mich ein zum Bee - ren - schmaus.
schnell läuft Jad - wie - ga wie - der fort.

KOHL VERLAG
MUNDHARMONIKA SPIELEN LERNEN
Ein Lern- und Liederbuch für Jung & Alt – Bestell-Nr. 11 587

D Anhang zum Singen

21 Jetzt fängt das schöne Frühjahr an

Volksweise

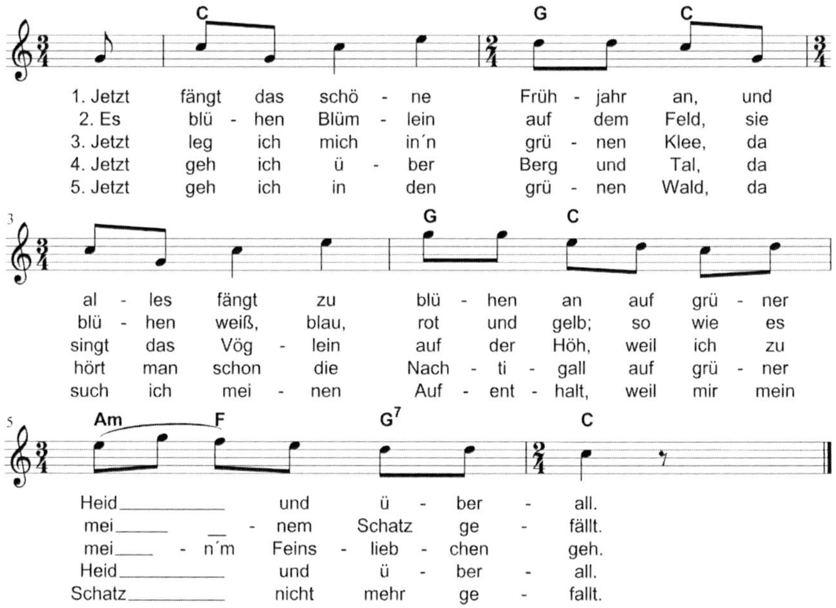
C G C
1. Jetzt fängt das schö - ne Früh - jahr an, und
2. Es blü - hen Blüm - lein auf dem Feld, sie
3. Jetzt leg ich mich in´n grü - nen Klee, da
4. Jetzt geh ich ü - ber Berg und Tal, da
5. Jetzt geh ich in den grü - nen Wald, da
G C
al - les fängt zu blü - hen an auf grü - ner
blü - hen weiß, blau, rot und gelb; so wie es
singt das Vög - lein auf der Höh, weil ich zu
hört man schon die Nach - ti - gall auf grü - ner
such ich mei - nen Auf - ent - halt, weil mir mein
Am F G7 C
Heid und ü - ber - all.
mei - nem Schatz ge - fällt.
mei - n´m Feins - lieb - chen geh.
Heid und ü - ber - all.
Schatz nicht mehr ge - fallt.

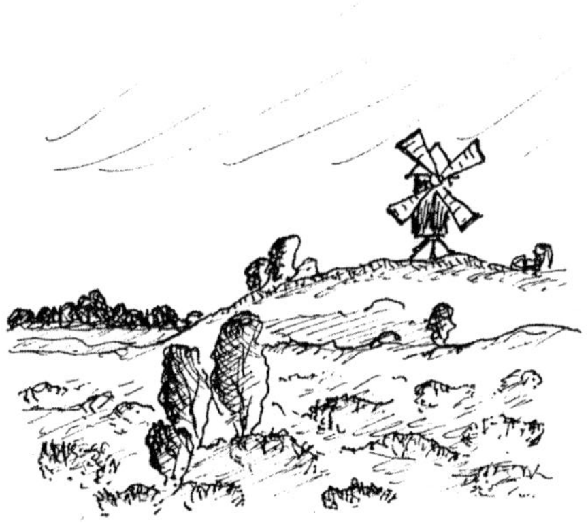

22 Jetzt kommen die lustigen Tage

Volksweise

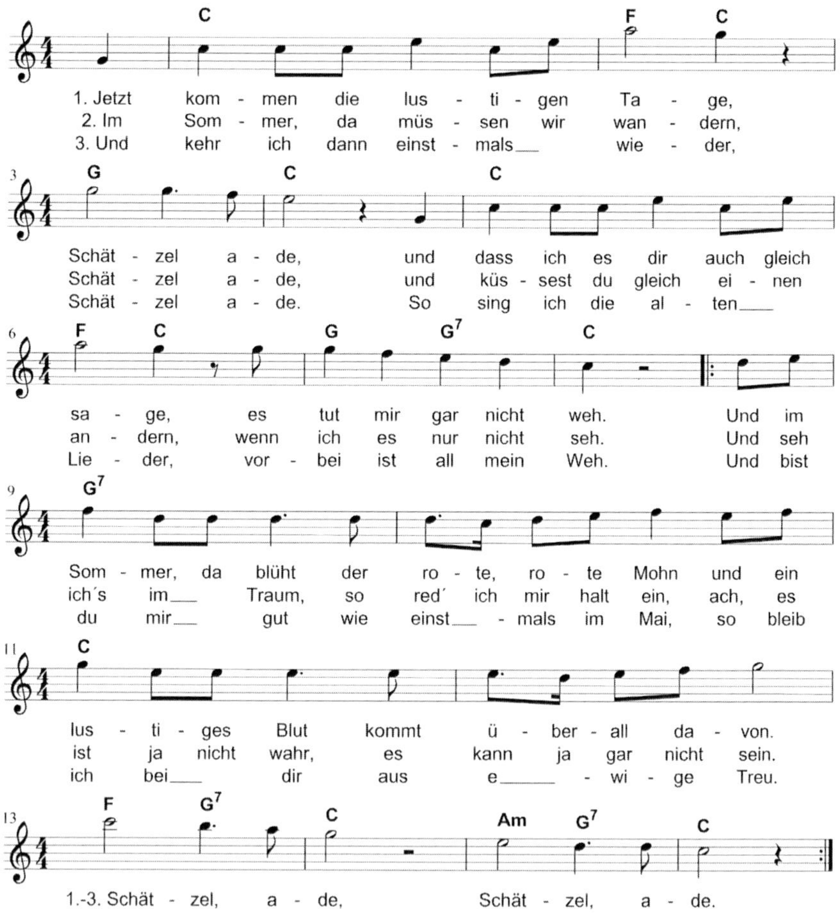
C F C
1. Jetzt kom - men die lus - ti - gen Ta - ge,
2. Im Som - mer, da müs - sen wir wan - dern,
3. Und kehr ich dann einst - mals wie - der,
G C C
Schät - zel a - de, und dass ich es dir auch gleich
Schät - zel a - de, und küs - sest du gleich ei - nen
Schät - zel a - de. So sing ich die al - ten
F C G G7 C
sa - ge, es tut mir gar nicht weh. Und im
an - dern, wenn ich es nur nicht seh. Und seh
Lie - der, vor - bei ist all mein Weh. Und bist
G7
Som - mer, da blüht der ro - te, ro - te Mohn und ein
ich´s im Traum, so red´ ich mir halt ein, ach, es
du mir gut wie einst - mals im Mai, so bleib
C
lus - ti - ges Blut kommt ü - ber - all da - von.
ist ja nicht wahr, es kann ja gar nicht sein.
ich bei dir aus e - wi - ge Treu.
F G7 C Am G7 C
1.-3. Schät - zel, a - de, Schät - zel, a - de.

24 Kommt ein Vogel geflogen

Musik: Wenzel Müller (1822)
Volkslied

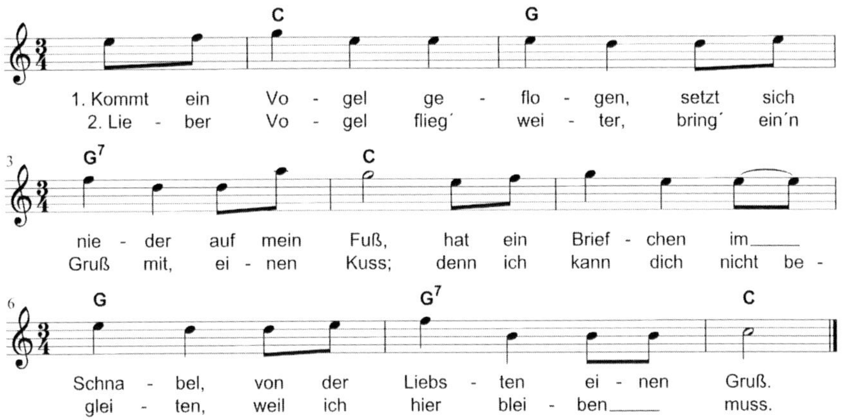

C G
1. Kommt ein Vo - gel ge - flo - gen, setzt sich
2. Lie - ber Vo - gel flieg´ wei - ter, bring´ ein´n

G7 C
nie - der auf mein Fuß, hat ein Brief - chen im___
Gruß mit, ei - nen Kuss; denn ich kann dich nicht be -

G G7 C
Schna - bel, von der Liebs - ten ei - nen Gruß.
glei - ten, weil ich hier blei - ben___ muss.

25 Kuckuck, Kuckuck, ruft´s aus dem Wald

Text: Hoffmann von Fallersleben
österr. Volkslied

C G7 C G7 C

1. Ku - ckuck, Ku - ckuck, ruft´s aus dem Wald.
2. Ku - ckuck, Ku - ckuck, lässt nicht sein Schrei´n:
3. Ku - ckuck, Ku - ckuck, treff - li - cher Held!

G G7 C

Las - set uns sin - gen, tan - zen und sprin - gen!
Komm in die Fel - der, Wie - sen und Wäl - der!
Was du ge - sun - gen, ist dir ge - lun - gen:

G7 C G7 C

Früh - ling, Früh - ling wird es nun bald.
Früh - ling, Früh - ling stel - le dich ein!
Win - ter, Win - ter, räu - met das Feld.

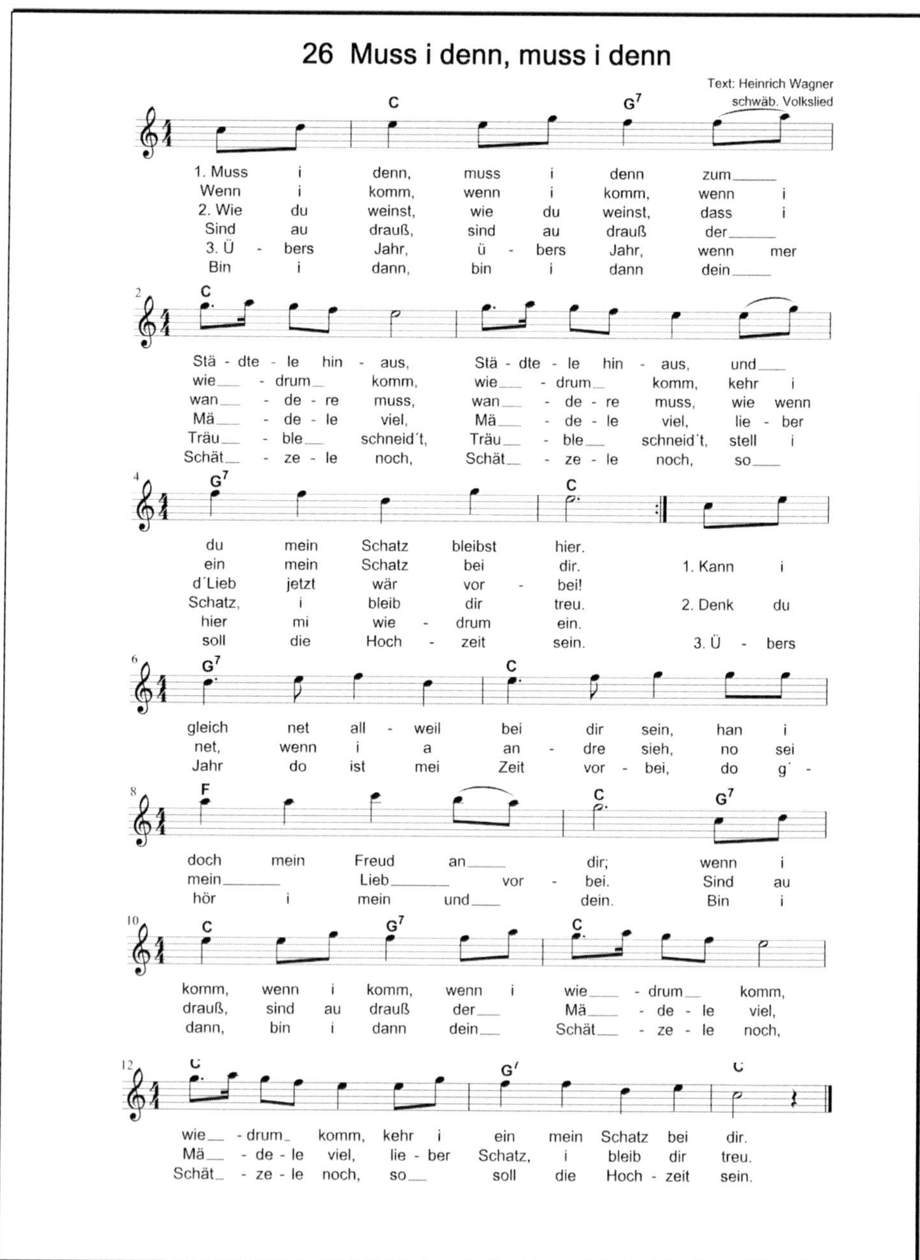

KOHL VERLAG
MUNDHARMONIKA SPIELEN LERNEN
Ein Lern- und Liederbuch für Jung & Alt – Bestell-Nr. 11 587

27 Schneeflöckchen, Weißröckchen

Volksweise

1. Schneeflöckchen, Weißröckchen, da kommst du geschneit; du kommst aus den Wolken, dein Weg ist so weit.
2. Komm, setz dich ans Fenster, du lieblicher Stern; malst Blumen und Blätter, wir haben dich gern.
3. Schneeflöckchen, du deckst und die Blümelein zu; dann schlafen sie sicher in himmlischer Ruh.

KOHL VERLAG
MUNDHARMONIKA SPIELEN LERNEN
Ein Lern- und Liederbuch für Jung & Alt – Bestell-Nr. 11 587

29 Summ, summ, summ

Text: Hoffmann von Fallersleben (1842)
Volksweise

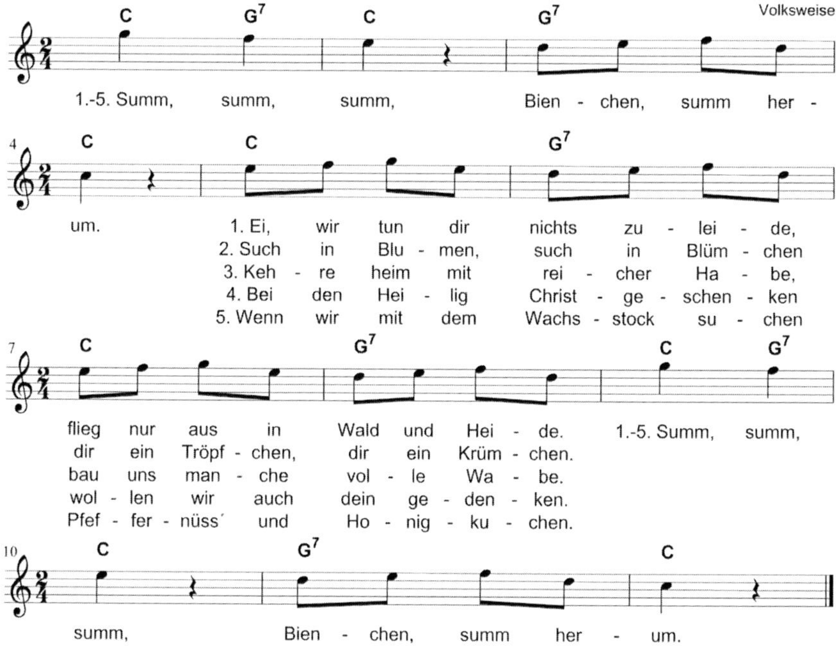
C G7 C G7
1.-5. Summ, summ, summ, Bien - chen, summ her -
C C G7
um. 1. Ei, wir tun dir nichts zu - lei - de,
2. Such in Blu - men, such in Blüm - chen
3. Keh - re heim mit rei - cher Ha - be,
4. Bei den Hei - lig Christ - ge - schen - ken
5. Wenn wir mit dem Wachs - stock su - chen
C G7 C G7
flieg nur aus in Wald und Hei - de. 1.-5. Summ, summ,
dir ein Tröpf - chen, dir ein Krüm - chen.
bau uns man - che vol - le Wa - be.
wol - len wir auch dein ge - den - ken.
Pfef - fer - nüss´ und Ho - nig - ku - chen.
C G7 C
summ, Bien - chen, summ her - um.

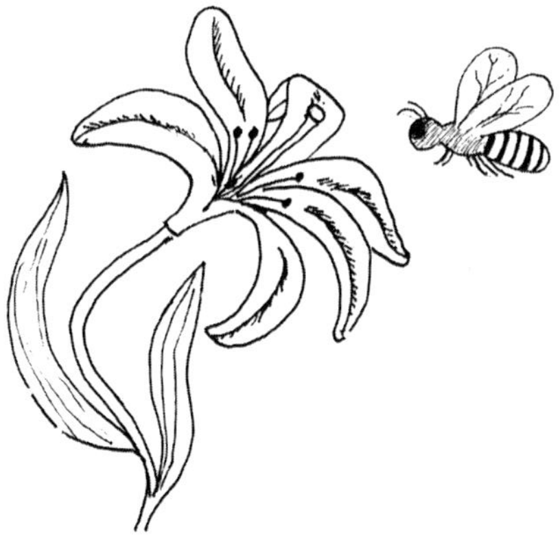

30 Und in dem Schneegebirge

schles. Volksweise

C F C
1. Und in dem Schnee - ge - bir - ge, da
C G G7
fließt ein Brünn_ - lein_ kalt. Und wer dar - aus tut
C F G7 C
trin___ - ken, der wird ja nim - mer alt.

2. Ich hab daraus getrunken
gar manchen frischen Trunk.
Ich bin nicht alt geworden,
ich bin noch immer jung.

3. Das Brünnlein da drüben fließt,
daraus soll man immer trink´n;
wer eine Feinstallerliebste hat,
der soll man immer winken.

4. Ich wink´ dir mit den Augen,
ich tret dir auf den Fuß.
Ach, wie ein schweres Roden,
wenn einer scheiden muss.

5. Ade, mein Schatz, ich scheide.
Ade, mein Schätzelein!
Wann kommst du denn noch wieder,
Herzallerliebste mein?

6. Wenn es wird schneien Rosen
und regnen kühlen Wein. -
Ade, mein Schatz, ich scheide,
ade, mein Schätzelein!

7. Es schneit ja keine Rosen
und regn´t auch keinen Wein:
Da kommst du denn nicht wieder,
Herzallerliebster mein!

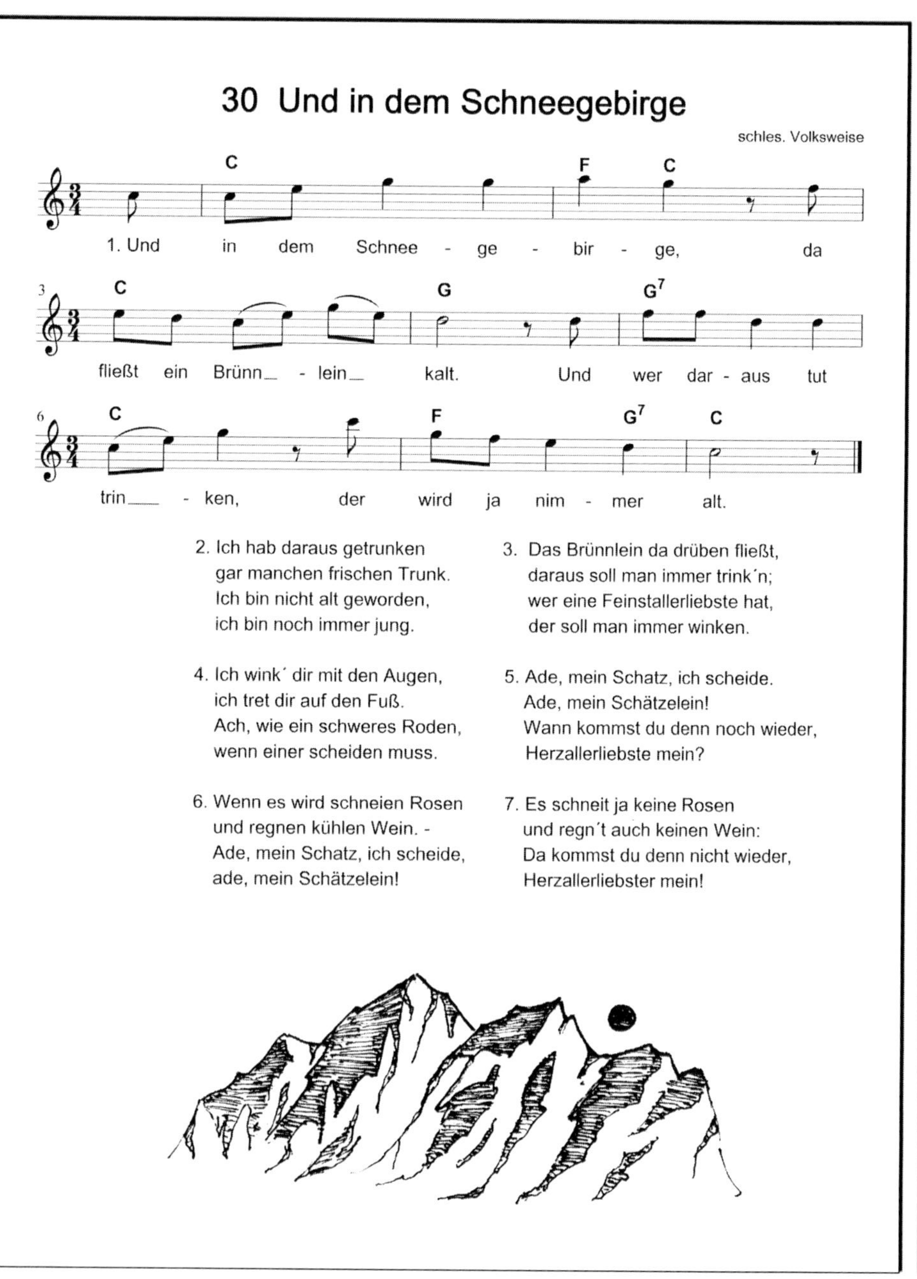

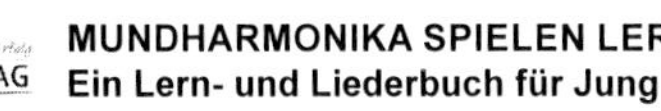
KOHL VERLAG
MUNDHARMONIKA SPIELEN LERNEN
Ein Lern- und Liederbuch für Jung & Alt – Bestell-Nr. 11 587

33 Wie ein Vogel zu fliegen

T & M.: Wolfgang Richter

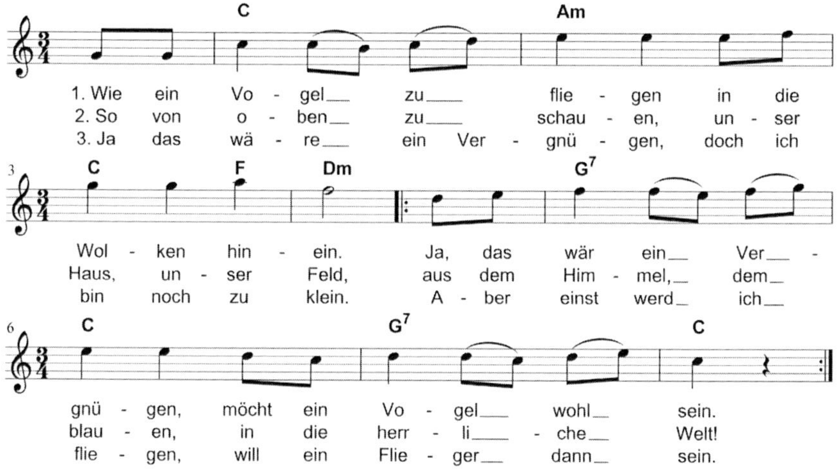

1. Wie ein Vo - gel zu flie - gen in die Wol - ken hin - ein. Ja, das wär ein Ver - gnü - gen, möcht ein Vo - gel wohl sein.
2. So von o - ben zu schau - en, un - ser Haus, un - ser Feld, aus dem Him - mel, dem blau - en, in die herr - li - che Welt!
3. Ja das wä - re ein Ver - gnü - gen, doch ich bin noch zu klein. A - ber einst werd ich flie - gen, will ein Flie - ger dann sein.

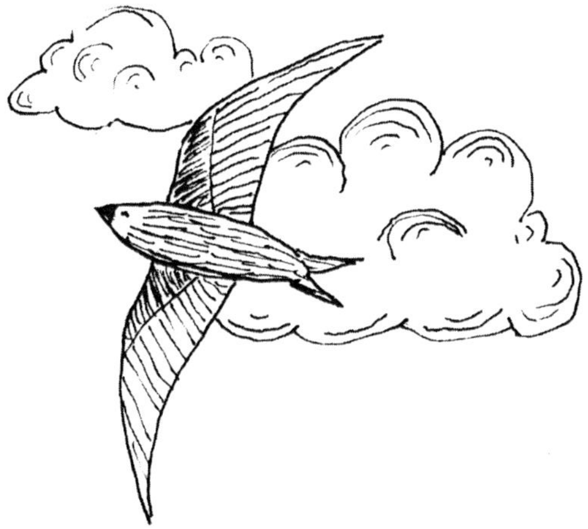

34 Wind, Wind

Text: Ursula Gröger
Musik: Eva Richter

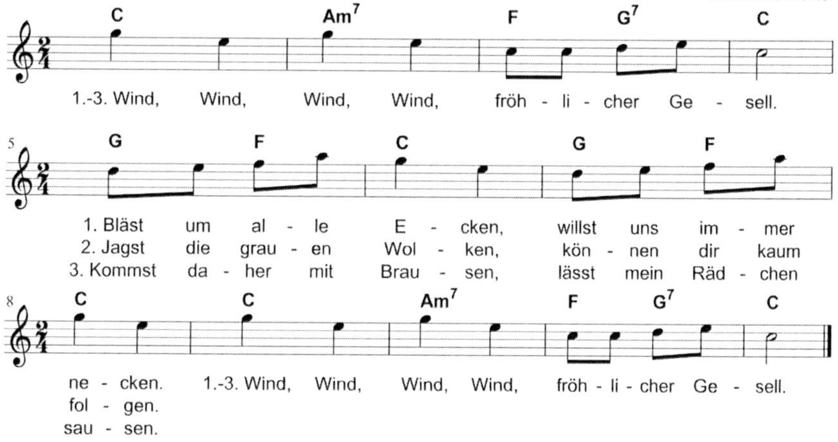

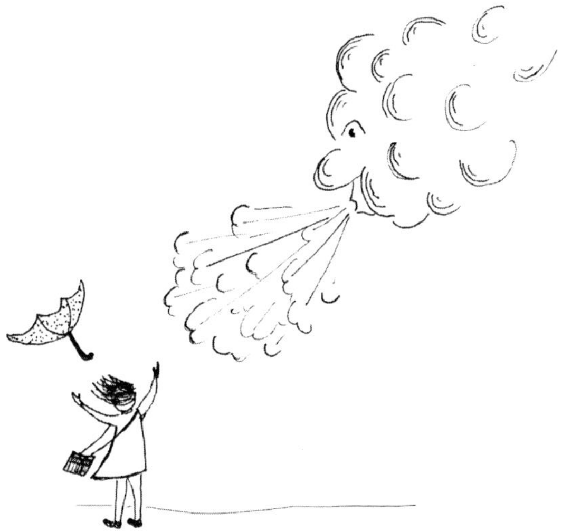

1.-3. Wind, Wind, Wind, Wind, fröh - li - cher Ge - sell.

1. Bläst um al - le E - cken, willst uns im - mer ne - cken.
2. Jagst die grau - en Wol - ken, kön - nen dir kaum fol - gen.
3. Kommst da - her mit Brau - sen, lässt mein Räd - chen sau - sen.

1.-3. Wind, Wind, Wind, Wind, fröh - li - cher Ge - sell.

35 Winter, ade!

Text: Hoffmann von Fallersleben (1835)
Volksweise

C G C Am G C C
1.-3. Win - ter, a - de! Schei - den tut weh. 1. A - ber dein
2. Ger - ne ver -
3. Gehst du nicht
G7 Dm Csus4 C
Schei - den_ macht, dass jetzt mein Her - ze_ lacht.
gess´ ich_ dein; kannst im - mer fer - ne_ sein.
bald nach_ Haus, lacht dich der Ku - ckuck_ aus.
Am G7 C Am G7 C
1.-3. Win - ter, a - de! Schei - den tut weh.

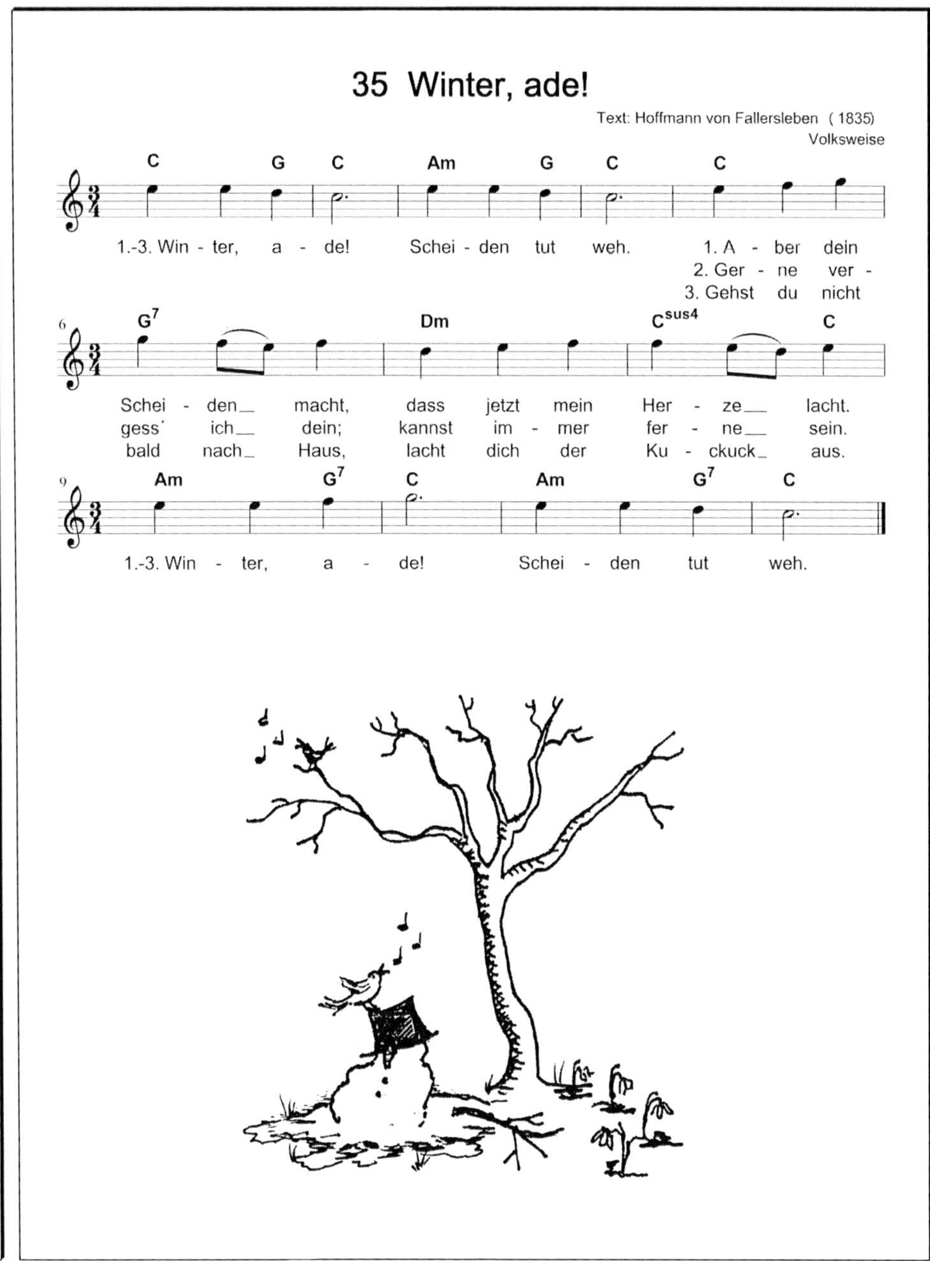

36 Zwischen Berg und tiefem, tiefem Tal

Volksweise

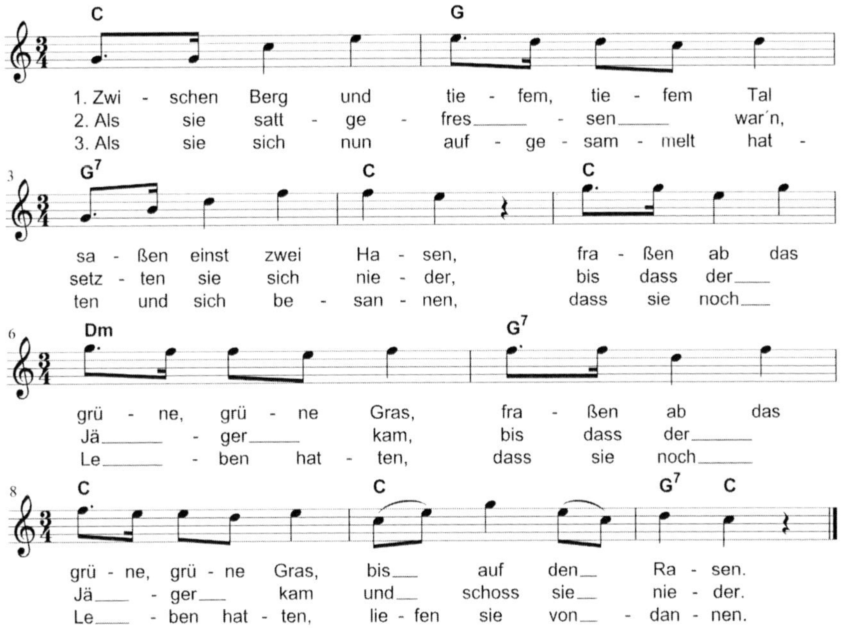
C G
1. Zwi - schen Berg und tie - fem, tie - fem Tal
2. Als sie satt - ge - fres___ - sen___ war´n,
3. Als sie sich nun auf - ge - sam - melt hat -
G7 C C
sa - ßen einst zwei Ha - sen, fra - ßen ab das
setz - ten sie sich nie - der, bis dass der___
ten und sich be - san - nen, dass sie noch___
Dm G7
grü - ne, grü - ne Gras, fra - ßen ab das
Jä___ - ger___ kam, bis dass der___
Le___ - ben hat - ten, dass sie noch___
C C G7 C
grü - ne, grü - ne Gras, bis__ auf den__ Ra - sen.
Jä__ - ger__ kam und__ schoss sie__ nie - der.
Le__ - ben hat - ten, lie - fen sie von__ - dan - nen.

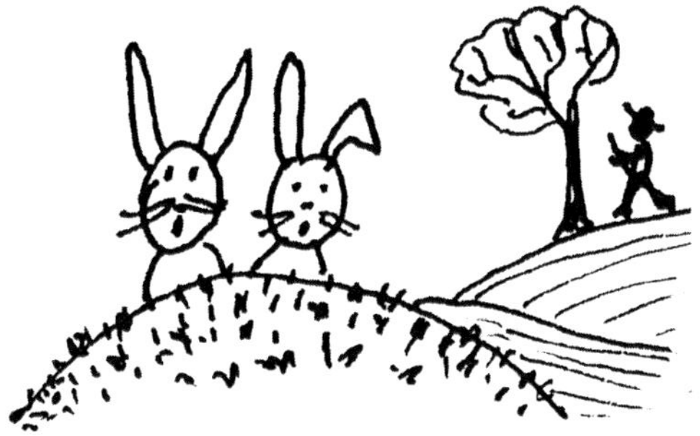

KOHL VERLAG
MUNDHARMONIKA SPIELEN LERNEN
Ein Lern- und Liederbuch für Jung & Alt – Bestell-Nr. 11 587

37 Lasst uns froh und munter sein

Volksweise

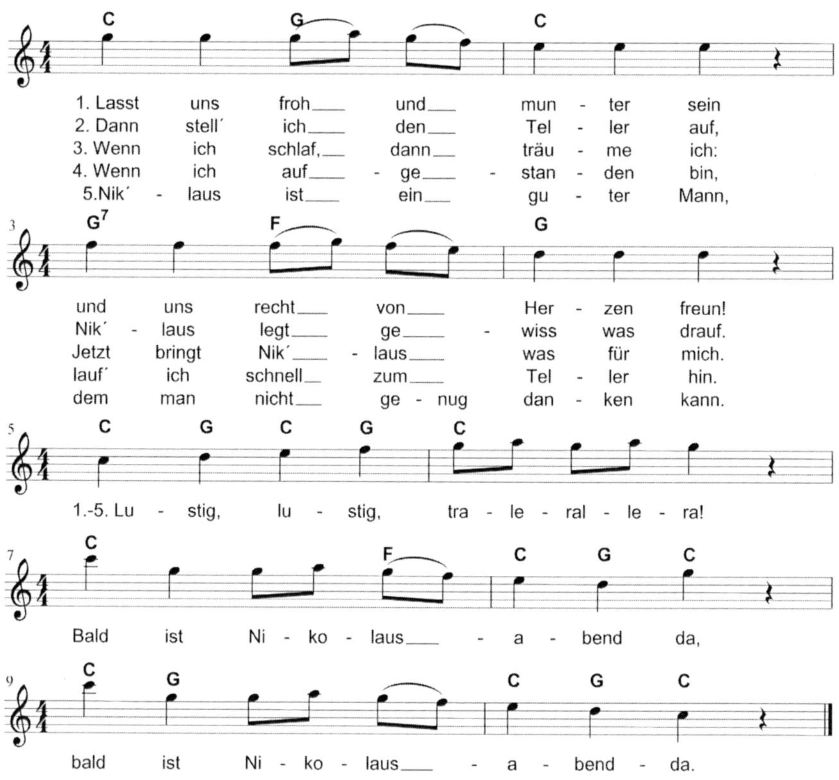

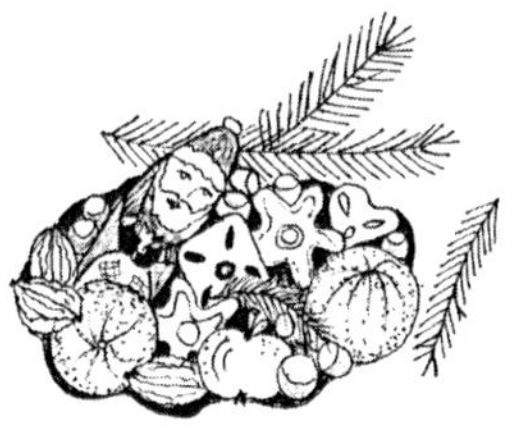

C G C

1. Lasst uns froh___ und___ mun - ter sein
2. Dann stell´ ich___ den___ Tel - ler auf,
3. Wenn ich schlaf,___ dann___ träu - me ich:
4. Wenn ich auf___ - ge___ - stan - den bin,
5. Nik´ - laus ist___ ein___ gu - ter Mann,

G7 F G

und uns recht___ von___ Her - zen freun!
Nik´ - laus legt___ ge___ - wiss was drauf.
Jetzt bringt Nik´___ - laus___ was für mich.
lauf´ ich schnell___ zum___ Tel - ler hin.
dem man nicht___ ge - nug dan - ken kann.

C G C G C

1.-5. Lu - stig, lu - stig, tra - le - ral - le - ra!

C F C G C

Bald ist Ni - ko - laus___ - a - bend da,

C G C G C

bald ist Ni - ko - laus___ - a - bend - da.

38 Oh, es riecht gut

T. & M.: Christel Ulbrich

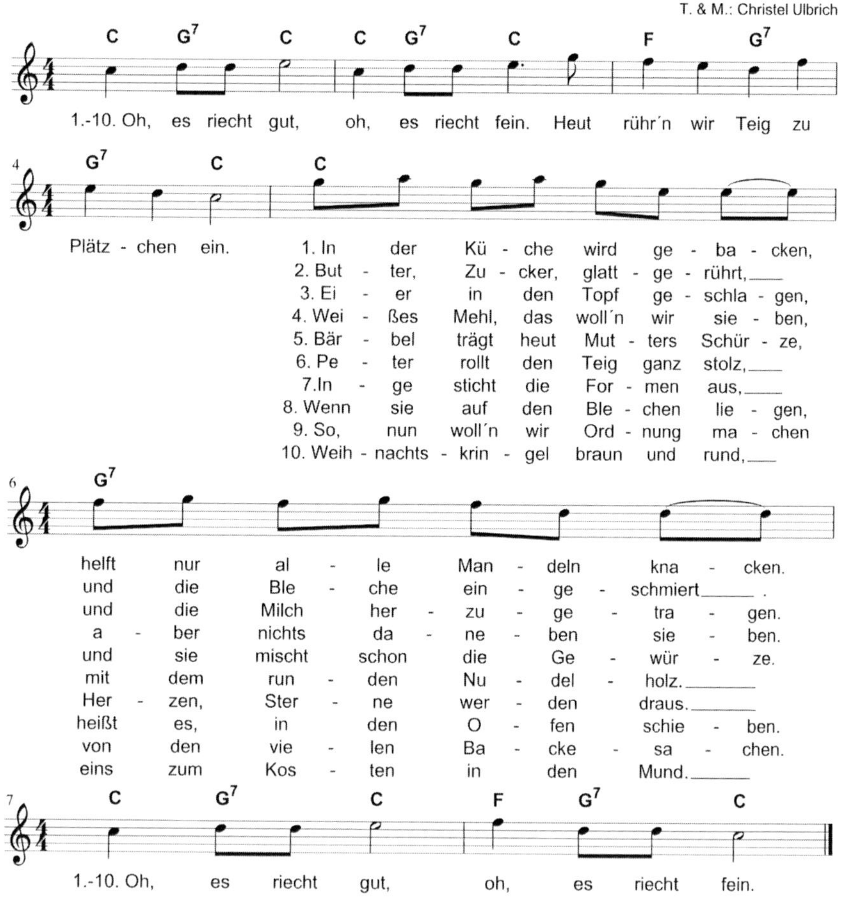

C G7 C C G7 C F G7

1.-10. Oh, es riecht gut, oh, es riecht fein. Heut rühr´n wir Teig zu

G7 C C

Plätz - chen ein.
1. In der Kü - che wird ge - ba - cken,
2. But - ter, Zu - cker, glatt - ge - rührt,___
3. Ei - er in den Topf ge - schla - gen,
4. Wei - ßes Mehl, das woll´n wir sie - ben,
5. Bär - bel trägt heut Mut - ters Schür - ze,
6. Pe - ter rollt den Teig ganz stolz,___
7. In - ge sticht die For - men aus,___
8. Wenn sie auf den Ble - chen lie - gen,
9. So, nun woll´n wir Ord - nung ma - chen
10. Weih - nachts - krin - gel braun und rund,___

G7

helft nur al - le Man - deln kna - cken.
und die Ble - che ein - ge - schmiert___.
und die Milch her - zu - ge - tra - gen.
a - ber nichts da - ne - ben sie - ben.
und sie mischt schon die Ge - wür - ze.
mit dem run - den Nu - del - holz.___
Her - zen, Ster - ne wer - den draus.___
heißt es, in den O - fen schie - ben.
von den vie - len Ba - cke - sa - chen.
eins zum Kos - ten in den Mund.___

C G7 C F G7 C

1.-10. Oh, es riecht gut, oh, es riecht fein.

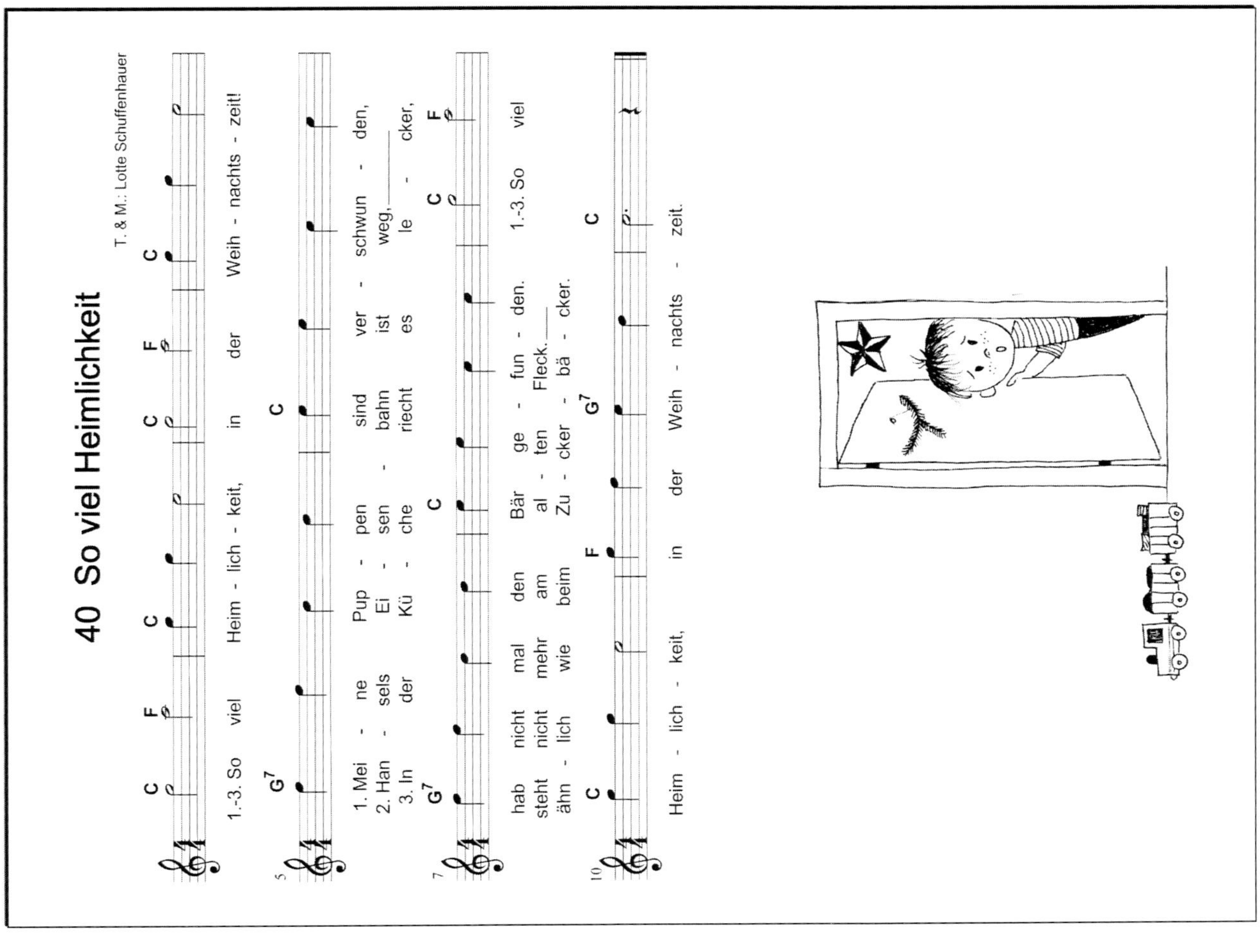

40 So viel Heimlichkeit

T. & M.: Lotte Schuffenhauer

C F C C F C
1.-3. So viel Heim - lich - keit, in der Weih - nachts - zeit!

G7 C
1. Mei - ne Pup - pen sind ver - schwun - den,
2. Han - sels Ei - sen - bahn ist weg,____
3. In der Kü - che riecht es le - cker,

G7 C C F
hab nicht mal den Bär ge - fun - den. 1.-3. So viel
steht nicht mehr am al - ten Fleck.___
ähn - lich wie beim Zu - cker - bä - cker.

C F G7 C
Heim - lich - keit, in der Weih - nachts - zeit.

KOHL VERLAG
MUNDHARMONIKA SPIELEN LERNEN
Ein Lern- und Liederbuch für Jung & Alt – Bestell-Nr. 11 587

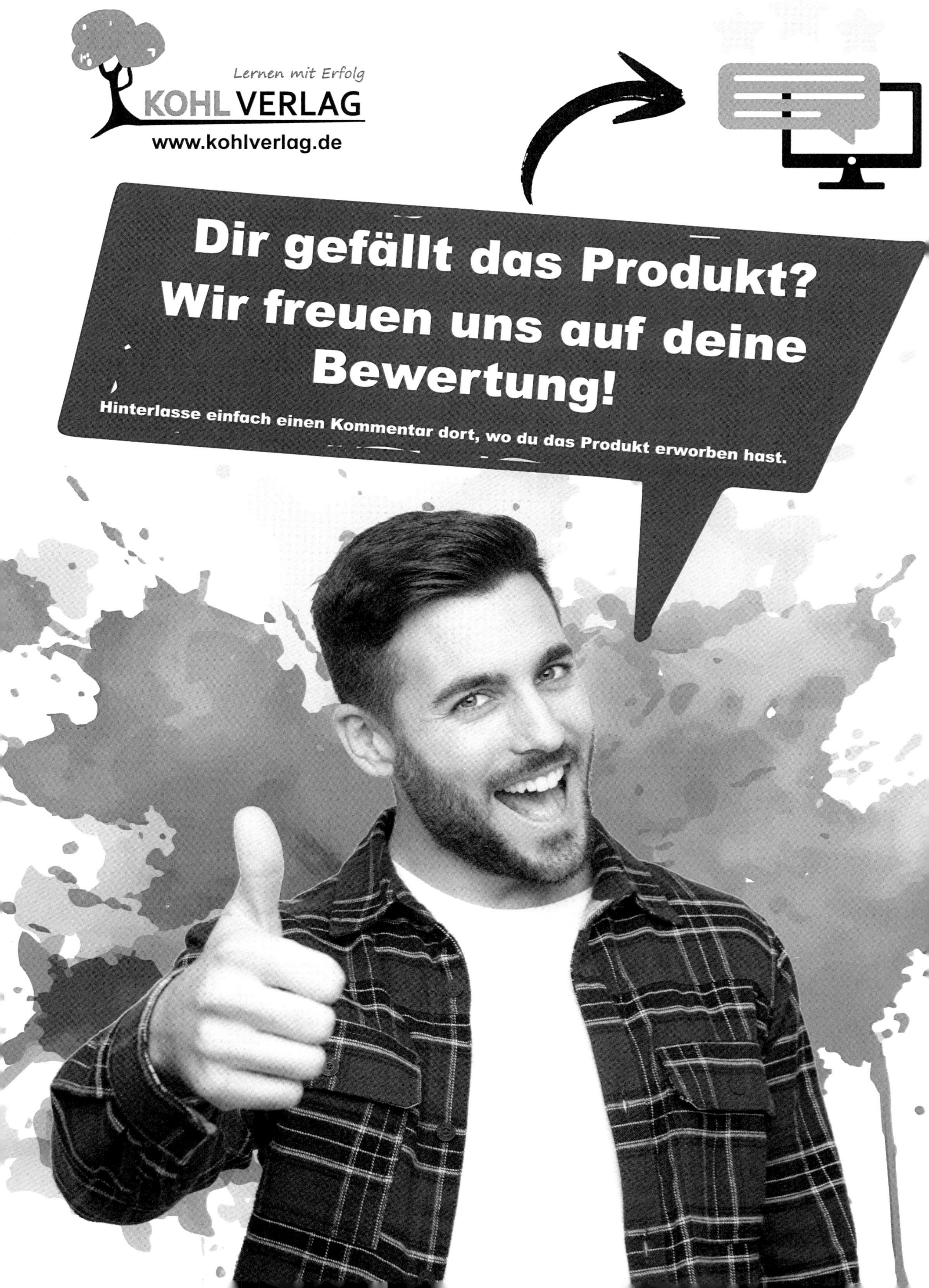

Lernen mit Erfolg
KOHL VERLAG
www.kohlverlag.de